지적인 인간

좋은 삶을 위한 7개의 인문학 지식

지적인 인간

초판 1쇄 발행   2025년 5월 26일

지은이   황영일, 고운조, 류가영
발행인   황영일

편집   김화영
디자인   경놈

펴낸곳   백북하우스
사업자   2024. 5. 3. 제363-96-01941호
주 소   서울 강남구 테헤란로38길 6 8층
전 화   02-501-7199
팩 스   02-538-7103
이메일   100bookhouse@naver.com
블로그   blog.naver.com/100bookhouse
인스타   @100bookhouse

ISBN 979-11-988085-1-6 03300

Intellectual Mind

지적인 인간

좋은 삶을 위한
7개의 인문학 지식

황영일
고운조
류가영

차례

머리말   6

제1장
실존주의

01 개미   13
02 인생의 의미   17
03 자유로운 존재   22
04 불안과 책임   25
05 타인의 존재   29
06 과거, 현재, 미래   33
07 행동의 의미   38

제2장
정신분석학

01 운전   43
02 원초적 욕구와 억압   47
03 불안과 분노의 표출   55
04 생각   63
05 로미오와 줄리엣   67
06 소크라테스 질문법   73
07 변화의 조건   79

제3장
마키아벨리즘

01 친절   89
02 선하지 않게 행동하는 법   92
03 중요의 법칙   97
04 결과의 법칙   102
05 이익의 법칙   108
06 능력의 법칙   113
07 운명과 자유   117

제4장	01 왼뺨	123
죄수의 딜레마	02 죄수의 딜레마	126
	03 미래의 그림자	132
	04 동등한 대응	138
	05 보복능력	146
	06 법률의 역할	153
	07 용서의 기술	159

제5장	01 옷가게	165
보이지 않는 손	02 보이지 않는 손	169
	03 거래와 경쟁의 미학	174
	04 임대료 규제	179
	05 최저임금제	184
	06 가격과 복지	189
	07 경쟁의 무기	194

제6장	01 초원	201
케인즈주의	02 국가 경제의 이해	205
	03 유효수요 부족 이론	209
	04 재정정책과 소비	215
	05 통화정책과 소비	220
	06 국가부채와 소비	227
	07 사필귀정	232

제7장	01 기부	241
정의론	02 자유주의	245
	03 공리주의	250
	04 무지의 장막	257
	05 차등의 원칙	262
	06 복지제도	269
	07 불완전한 세상	280

삶은 쉽지 않습니다. 생각과 지혜가 부족한 사람에게 삶은 더욱 가혹합니다. 우리는 신중하게 생각하고 지혜롭게 처신해야 합니다. 누구나 다 생각을 하기는 합니다. 누구나 다 나름의 지혜가 있기도 합니다. 하지만 그러한 생각과 지혜 자체에 대하여 의문을 던져 볼 필요가 있습니다. 그것이 어떻게 내게로 온 것인지, 내 소중한 삶을 맡기기에 충분한지, 우리는 기회가 있을 때마다 되돌아보아야 합니다.

경제학자 케인즈가 1936년 발간한 책 〈일반이론The General Theory of Employment, Interest and Money〉의 마지막 문단에는 이런 글이 있습니다.

"실무가들은 자신을 지적인 영향으로부터도 매우 자유로운 사람이라고 생각하지만, 대부분은 과거의 어떤 경제학 사상에 노예처럼 얽매여 있다. 권력자들이 허공에서 목소리를 들었다며 벌이는 미친 짓도 몇 년 전 어디에선가 접하게 된 어떤 조악한 사상에서 뽑어내는 광

기이다."★

누구나 생각이 있고 지혜도 있지만, 케인즈의 말처럼 그러한 생각과 지혜는 내가 어디에선가 조심스럽지 않게 받아들인 사상과 지식에서 비롯된 것일 수 있습니다. 부모에게서 무심코 물려받은 관습이나 신념, 친구들과 어울리면서 별생각 없이 젖게 된 정서나 감흥, 이런 것이 어느새 내 안에 깊숙이 스며들어 오랫동안 나를 노예로 삼아 왔을 수 있습니다. 수년 전 무심히 읽은 어떤 조악한 사상이나 지식이 내 몸에 깊숙이 배어들어 나도 모르게 광기를 추출하고 있는지도 모릅니다.

우리는 잠시의 나쁜 생각만으로도 자신의 삶을 손쉽게 무너뜨릴 수 있습니다. 나쁜 사상과 지식이 뿜어내는 나쁜 생각은 우리의 삶을 점점 어두운 곳으로 몰고 갑니다. 반면 좋은 생각은 끊임없이 우리의 삶에서 무엇이 더 중요한지를 설득하고 격려합니다. 좋은 사상과 지식은 우리 마음에 있는 좋은 생각을 일깨우고 나쁜 생각과 싸우며 우리의 삶을 점점 밝은 곳으로 데려갑니다.

★ John Maynard Keynes, 〈The General Theory of Employment, Interest and Money〉, Macmillan(1936), Chapter 24, V의 마지막 문단, "Practical men, who believe themselves to be quite exempt from any intellectual influences, are usually the slaves of some defunct economist. Madmen in authority, who hear voices in the air, are distilling their frenzy from some academic scribbler of a few years back."

그렇다면 무엇이 우리를 좋은 삶으로 이끄는 훌륭한 사상과 지식일까요?

인류의 역사에는 수많은 사상과 지식이 존재합니다. 마치 밤하늘에 펼쳐진 별처럼 많습니다. 인류는 오랜 시간 이러한 사상과 지식을 함께 연구하며 이것을 학문으로 발전시켰습니다. 철학·심리학·정치학·경제학과 같은 인문학 또는 사회과학이 바로 그것입니다. 이러한 학문은 인류가 이 세상에서 살면서 겪게 되는 삶의 여러 가지 문제를 이해하고 해결하면서 깨닫게 된 지혜를 체계적으로 정리한 것입니다. 심지어 현대 국가는 대학교육을 통해 이러한 학문을 전공으로 제도화하여 다음 세대에도 전수하고 있기도 합니다.

저자들 역시 많은 문제를 겪으며 이 세상을 살아가고 있습니다. 이러한 삶의 문제들 앞에서 우리를 좋은 삶으로 이끌어 줄 사상과 지식을 찾아 지혜의 광야를 헤매었습니다. 한편으로는 인생의 여기저기를 굽이굽이 지나 법조인 직업을 선택하여 재판과 법률자문의 일을 하며 현실의 광야에서 살아왔습니다. 이렇게 현실의 광야를 살아가는 동안, 본의 아니게 지극히 현실주의적·실용주의적 관점을 체득하게 되었습니다. 그리고 이 '무도한' 현실주의적·실용주의적 관점으로 철학·심리학·정치학·경제학이라는 인문학 또는 사회과학의 사상과 지식을 다시 바라보게 되었습니다.

현실주의적·실용주의적 관점으로 사상과 지식을 다시 읽으면서 학문이란 그 본연의 임무가 다름 아닌 바로 삶의 문제를 해결하는 도구임을 깨닫게 되었습니다. 그리고 밤하늘에 펼쳐진 수많은 사상과 지식 중 특별히 빛나는 몇 개의 별이 보이기 시작했습니다. 내 삶의 문제를 해결하는 데에 그다지 도움이 되지 않는 허망한 탁상공론을 과감히 버릴 수 있었습니다. 학계에서 그 권위는 인정받으나 일반인들의 논리와 상식으로 수긍하기 쉽지 않은 이론도 덜어낼 수 있었습니다. 반면에 학계에서의 유행이 지났더라도, 내 삶의 근본적인 의미를 비추며 현실의 문제를 제대로 이해하게 하거나 해결해 주는 사상과 지식은 차곡차곡 모았습니다. 이렇게 수집한 사상과 지식에 대하여는, 재판을 준비하듯 원전으로 찾아가 본래의 주장과 근거를 일일이 확인하였고, 의뢰인에게 법률자문을 하듯 개념의 허식과 이론의 권위를 일상의 언어로 풀어서 쉽고 간명하게 전달하려고 했습니다.

저자들이 이렇게 찾아 모은 사상과 지식을 담아 독자들과 함께 나누고자 내어놓은 것이 바로 이 책, 〈지적인 인간: 좋은 삶을 위한 7개의 인문학 지식〉입니다. 이 책은 실존주의(제1장), 정신분석학(제2장), 마키아벨리즘(제3장), 죄수의 딜레마(제4장), 보이지 않는 손(제5장), 케인즈주의(제6장), 정의론(제7장)으로 이루어져 있습니다. 인문학과 사회과학에서 삶의 지혜가 될 만한 7개의 중요한 사상과 지식을 선별하여, 독자들이 가볍고 편안한 마음으로 그 진수를 음미할 수 있도록 정리하였습니다.

헤르만 헤세의 〈데미안〉에서 싱클레어는 어두운 거리를 걷던 중 어디선가 울려오는 오르간 소리를 듣게 됩니다. 오르간 소리를 따라간 그는 피스토리우스를 만나 친구가 됩니다. 오르간을 연주하였던 피스토리우스는 싱클레어가 자신으로 향하는 여정에서 만나는 내면의 안내자이자 영적인 그림자와 같은 인물입니다. 피스토리우스는 세상의 의미, 인간의 의미를 오르간으로 연주하였고, 이러한 오르간 연주를 들으며 싱클레어는 점점 자신과 세상을 이해하게 되고, 자신만의 삶으로 나아갑니다. 저자들은 피스토리우스가 되어 보기로 했습니다. 피스토리우스가 오르간을 연주하듯, 인류의 인문학과 사회과학에 담겨 있는 보물 같은 이치와 지혜를 독자들에게 설명하려 했습니다.

이제 책의 집필을 마치고, 다시 광야에 서 있습니다. 지혜의 광야이자 현실의 광야이기도 합니다. 책을 쓰기 전보다 마음이 훨씬 가볍습니다. 저자들에게도 수많은 피스토리우스가 있었고, 앞으로도 피스토리우스를 만나게 될 겁니다. 지방재판에 참석하기 위해 새벽에 탄 기차가 출발하며 내 몸을 흔드는 순간, 하염없이 붉게 물드는 노을이 내 모든 세상을 감싸는 그곳, 밤 산책 중 길을 돌아서자 갑자기 펼쳐진 보라색 하늘 아래, 아직도 저 멀리서 피스토리우스의 오르간 연주가 들립니다. 이 책을 펼치는 지금, 당신에게 피스토리우스의 오르간 소리가 들리기를 바랍니다.

제1장

실존주의

"인간은 자유롭게 살아야 한다는
선고를 받았다."

- 사르트르 -

01
개미

바람이 붑니다. 풀숲의 작은 풀들이 한들한들 흔들립니다. 흔들리는 풀 한 줄기를 따라 흙바닥을 내려다봅니다. 개미들이 있습니다. 개미들은 바쁘게 어디선가 와서 어딘가로 가고 있습니다. 이곳은 개미의 세상입니다.

저는 어린 시절에 가만히 웅크리고 앉아 개미 구경하는 것을 좋아했습니다. 흙길 위를 뛰어다니는 개미의 세상을 구경하고 있으면 시간이 어떻게 흘러가는지 몰랐습니다. 작은 나뭇가지를 개미 앞에 두어 보기도 하고, 흙을 긁어 개미 앞에 길을 만들어 보기도 하고, 개미를 집어서 조금 멀찌감치 내려놓기도 했습니다. 개미는 어떤 일이 일어나도 아랑곳하지 않고 그저 바쁘게 이곳저곳으로 뛰어다닙니다. 시간 가는 줄 모르고 개미의 세상을 구경하고 있노라면, 종종 이런 생각이 들었습니다. 개미는 왜 개미로 태어나 이 세상에 이렇게 존재하고 있을까?

바람이 붑니다. 바람이 부는 이곳저곳에 건물들이 서 있습니다. 바람은 건물들을 휘감고 돌아다니다 흩어집니다. 건물들이 풀숲처럼 무성합니다. 건물 안에도, 건물 밖에도 사람들이 많습니다. 이곳은 인간의 세상입니다.

점심을 먹고 잠깐 산책을 한 후, 커피를 들고 창가로 향했습니다. 창밖을 봅니다. 큰 찻길에는 차들이 줄지어 신호를 기다리고 있습니다. 건물들 사이마다 크고 작은 길이 나 있고, 길을 따라 사람들이 어디선가 와서 어딘가로 가고 있습니다. 혼자서 느긋하게 걷는 사람, 바쁜 일이 있는지 성큼성큼 걷는 사람, 서로를 바라보고 얘기하며 걷는 사람, 핸드폰을 귀에 대고 말하며 걷는 사람. 저도 방금 저 길을 걸었습니다. 이렇게 사람들을 보고 있으면, 개미의 세상이 떠오릅니다. 그리고 저는 같은 질문을 합니다. 사람은 왜 사람으로 태어나 이 세상에 이렇게 존재하고 있을까?

세상 사람들은 이런 질문을 '쓸데없다'라고 말합니다. 그리고 왜 그런 쓸데없는 생각을 하고 사는지 이해할 수 없다는 표정을 짓습니다. 그들은, 태어났으니 그저 남들처럼 살아가면 된다고 말합니다. 가끔은 저와 같은 질문을 마음에 품고 있는 사람들을 만난 적도 있습니다. 하지만 그 사람들은 답을 찾다 지쳐서 이제는 그런 질문을 그만두었다고 합니다. 그들도 그저 남들처럼 살아가고 있었습니다.

그런데 다행히도, 저는 제가 했던 질문과 똑같은 질문을 하고, 여기에 답까지 내어놓은 사람을 만났습니다. 철학자 '사르트르Sartre'입니다. 그가 내어놓은 답은 '실존주의existentialism' 철학입니다. 세상 사람들은 여전히 제게, 쓸데없는 질문에 대해서라면 그것에 대해 답을 찾는다고 해서 인생이 달라질 것이 없다고 말할 것 같습니다. 하지만 저는 그렇지 않았습니다. 사르트르의 실존주의를 알게 된 이후 저의 삶은 그야말로 자유로워졌습니다. 마음도 이전보다 한결 가벼워졌습니다.

갑자기 철학자 이야기를 해서 실망하는 사람들도 있을 겁니다. 철학자들은 본래 자신도 이해하지 못하는 어려운 말로 질문을 회피하면서, 결국 속 시원한 답변을 내놓지 못하는 사람들이기 때문입니다. 사르트르는 1940년대에 두 권의 책, 〈실존주의는 휴머니즘이다Existentialism Is a Humanism〉와 〈존재와 무Being and Nothingness〉를 출간했습니다. 사르트르도 다른 철학자들처럼 어려운 말을 많이 했습니다. 〈실존주의는 휴머니즘이다〉는 그래도 읽을 만하지만, 〈존재와 무〉는 너무나 두껍고 어렵습니다.

하지만 우리의 질문, 즉 '사람은 왜 사람으로 태어나 이 세상에 이렇게 존재하고 있을까'라는 물음을 끝까지 놓지 않는다면, 사르트르의 책 이곳저곳에 쓰여 있는 복잡하고 어려운 문장이 우리의 삶에 대해 너무나도 당연한 이야기를 하고 있다는 것을 알게 될 겁니다. 사르트르는 '사람은 왜 사람으로 태어나 이 세상에 이렇게 존재하고 있을까'라는 질문에 대하여 누구도 하고 싶었지만 차마 하지 못했던 '솔직한 고백'을 한 사람이라고 생각하게 될 겁니다.

02
인생의 의미

우리는 왜 살까요? 우리는 왜 인간으로 태어나 이렇게 이 세상에 존재하고 있을까요? 인생의 의미는 무엇일까요?

존재하고 있을 뿐 존재하는 이유나 목적은 없다

사르트르는 이렇게 답합니다. '우리가 태어난 이유나 살아갈 목적에는 본래 정해진 것이 없다. 인생의 의미도 본래 정해진 것은 없다.' 이것이 실존주의자 사르트르의 답변입니다.

사르트르는 인생의 의미가 무엇인지에 대해 "존재가 본질에 앞선다 Existence precedes essence."라는 유명한 말로 간결하게 표현했습니다. 여기서 '존재'란 인간이 이 세상에 실제로 존재하는 사실을 말하고, 여기서 '본질'이란 인간이 이 세상에 존재하는 이유, 목적, 인생의 의미를 말합니다. 따라서 '존재가 본질에 앞선다.'라는 말의 뜻은 인간은 이 세상에 그저 '덩그러니' 존재하고 있을 뿐, 이렇게 덩그러니 존재하는 것에 어떤 이유나 목적이 특별히 따로 있는 것은 아니라는 뜻입니다.

"존재가 본질에 앞선다는 말은 무슨 뜻일까? 인간은 먼저 존재한 상태라는 것이다. 인간은 세상의 어떤 실체로 있는데, 인간 스스로가 자신을 발견하게 되고, 세상에 점점 드러나기 시작하며, 그때부터 비로소 자신을 정의한다는 것이다."★

사르트르 말이 맞을까요? 이 세상에 그저 덩그러니 존재할 뿐 그러한 존재에 관해 아무런 이유와 목적이 없을까요? 인생은 정말 아무런 의미가 없을까요?

우리 자신을 생각해 보면 금방 알 수 있습니다. 당신은 이 세상에 태어나기 전에 미리, 당신의 인생에 대해 어떤 이유, 목적을 생각한 적이 있나요? 당신은 미리 인생에 어떤 의미를 부여한 후에 그 의미를

★ Jean-Paul Sartre, 〈Existentialism Is a Humanism〉, Yale University Press(2007), 10번째 문단, "What do we mean by saying that existence precedes essence? We mean that man first exists: he materializes in the world, encounters himself, surges up in the world - and defines himself afterwards."

실현하고자 이 세상에 태어났나요? 그렇지 않을 겁니다. 아마 어느 순간 정신을 차려 보니 당신은 이 세상에 이렇게 '덩그러니' 존재하고 있는 것을 알게 되었을 겁니다.

종이 자르는 칼 사례: 인간과 물건의 차이

사르트르는 인간은 아무런 이유와 목적도 없이 이 세상에 존재한다는 것, 그래서 인생의 의미가 본래 없다는 것, 바로 이러한 점에서 인간과 물건은 서로 다르다고 말합니다.

사르트르는 편지봉투를 열 때 사용하는 '종이 자르는 칼coupe-papier, letter opener, paper knife'을 예로 듭니다. 종이 자르는 칼, 이 물건을 만들 때 우리는 그 용도를 먼저 정합니다. 종이를 자른다는 것이 바로 종이 자르는 칼이 존재하는 이유이자 목적입니다. 물건은 그 용도, 즉 물건의 존재 이유나 목적을 먼저 정하고 그 이후에 거기에 맞추어 물건을 생산합니다. 휴대폰, 자동차, 책, 집 등 모든 물건이 그렇습니다.

그러나 인간은 그렇지 않습니다. 지금 이 글을 읽고 있는 당신과 저는 그렇지 않습니다. 인간이 이 세상에 존재하기 전에 인간을 어떤 용도로 사용하겠다고 누군가 정해 두지 않았습니다. 인간이 존재하게 된 이유나 목적이 따로 있지 않습니다. 그냥 아무런 이유나 목적

없이 인간은 이 세상에 덩그러니 존재하고 있습니다.

신은 인간 존재의 이유나 목적을 설명하지 못한다

절대자나 신을 믿는 사람들은 절대자나 신이 인생의 의미를 정해 줄 수 있다고 생각하기도 합니다.

절대자나 신이 과연 존재할까요? 신의 목소리를 들었고 신을 보았기 때문에 신은 존재한다고 주장하는 사람들이 있습니다. 그런데 그들이 듣고 보았다고 말하는 그 신이 과연 우리가 말하는 전지전능한 절대자로서의 그 신이 맞는가요? 그들이 잘못 보았거나, 적어도 그들의 신일 뿐이지 우리의 신이 아닙니다.

인간의 삶은 쉽지 않습니다. 우리는 자주 깊은 절망과 고통에 빠지게 됩니다. 절망과 고통에 빠져 있을 때 전지전능한 절대자에게 무릎을 꿇고 간절한 기도라도 해 보고 싶은 심정은 누구나 한 번쯤 느껴 보았을 겁니다. 그럴 때는 길을 걷다가 교회, 성당, 사찰이 보이면 불쑥 들어가 잠시 기둥이라도 만지고 나오고 싶기도 합니다. 하지만 인간의 삶이 쉽지 않다는 사실, 절망과 고통에 빠져 신과 같은 절대자의 도움이 간절할 때가 있다는 사실이 곧 절대자나 신이 존재하는 근거나 증거가 될 수도 없습니다. 절대자나 신이 존재하는지는 매우 불확

실합니다.

절대자나 신이 정말로 존재한다고 가정해 보아도 절대자나 신이 존재하지 않는 것과 크게 다르지도 않습니다. 우리가 절대자나 신의 뜻을 제대로 알 수 있을까요? 신이 정말 있더라도, 우리는 결코 신의 뜻을 알 수 없을 겁니다. 왜냐하면, 신이 우리에게 인간이 이 세상에 존재하게 된 이유나 목적을 알려 주려고 하더라도, 신은 그 뜻을 인간에게 제대로 알려 줄 방법이 없습니다. 신의 뜻이 무엇인지는 결국 어떤 '인간'이 '해석'하지 않을 수 없습니다. 인간이 신의 뜻을 해석할 때, 어디까지가 신의 뜻이고 어디까지가 인간의 뜻인가요? 절대자나 신이 있다고 가정하더라도, 절대자나 신이 인간이 이 세상에서 사는 이유와 인생의 의미를 설명했더라도, 인간은 절대자나 신의 뜻을 결코 알 수가 없습니다.

인간이 이 세상에 존재하게 된 이유나 목적은 따로 있지 않습니다. 인생은 근본적으로 아무 의미가 없습니다. 당신과 나는 아무런 이유나 목적 없이, 아무런 의미 없이 이 세상에 '덩그러니' 존재하고 있는 것입니다. 이곳에 절대자나 신이 있는 것 같지도 않으며, 설령 절대자나 신이 있다고 해도 그가, 당신과 내가 여기 이렇게 존재하는 이유와 목적을 알려 줄 수도 없습니다.

03
자유로운 존재

당신과 내가 이 세상에 존재하는 이유나 목적이 처음부터 없다면, 인생이 근본적으로 무의미하다면, 우리는 어떻게 살아가야 할까요?

존재하는 이유와 목적은 당신이 자유롭게 정하면 된다

당신과 내가 각자 살아갈 이유와 목적을 스스로 마음대로 정하면 됩니다. 인간은 '종이 자르는 칼'이 아닙니다. 당신과 나에게, 이 세상에서 어떻게 살아가야 하는지에 대해 미리 정해진 것은 아무것도 없습니다. 인간은, 처음부터 정해진 것이 아무것도 없으므로, 이제 스스로 마음대로 정하고 살면 됩니다.

그래서 인간은 자유로운 존재입니다. 사르트르는 인간은 자유롭게 살도록 형벌처럼 선고받은 것과 같아서, 자유롭지 않을 자유가 없다고 말합니다.

"인간은 자유롭게 살아야 한다는 선고를 받았다. 이 말은 인간의 자유에는 자유 그 자체 이외에는 아무런 한계가 없다는 것이며, 달리 말하자면 우리는 자유롭지 않을 자유가 없다는 것이다."★

흰 종이 사례: 내 인생의 의미 그리기

세상의 모든 사건은 우리에게는 자유를 실현할 기회입니다. 당신과 나는 우리 앞에 일어나는 모든 사건을 기회로 삼아 마음대로 의미를 부여하며 살면 됩니다. 그것이 인생입니다. 이것은 마치 흰 종이에 수많은 점을 연결하며 내 마음대로 나만의 그림을 그리는 것과 같습니다.

흰 종이가 있습니다. 흰 종이에는 수많은 점이 흩뿌려져 있습니다. 흰 종이는 나의 인생입니다. 흰 종이 위의 수많은 점은 나의 인생에서 내가 만나게 되는 사람이나 내게 일어나는 사건입니다. 나는 흰

★ Jean-Paul Sartre, 〈Being and Nothingness〉, Routledge(1956), Part 4, Chapter 1. Ⅰ의 11번째 문단(p.439), "I am condemned to be free. This means that no limits to my freedom can be found except freedom itself or, if you prefer, that we are not free to cease being free."

종이 위의 이 점들을 연결하여 내가 그리고 싶은 그림을 마음껏 그릴 수 있습니다. 나는 내가 만나는 사람을 통해서, 내게 일어나는 사건을 계기로 내 인생을 그려갑니다.

흰 종이에 산을 그리고 싶어졌습니다. 종이 위 점 몇 개를 골라 연결하니 산이 나타났습니다. 산 그림을 그리고 나면, 점은 사라집니다. 점은 이제 산 그림의 일부가 되었기 때문입니다. 흰 종이 위의 점에 대해 내가 의미를 부여하고 그림을 그리는 순간, 점은 사라지고 내가 그리려고 했던 그림이 나타납니다. 내가 만나게 되는 사람과 내게 일어나는 사건은 사라지고, 산 그림에서처럼 내가 그린 의미로 변하게 됩니다.

산을 그리고 나니, 산 위의 여백은 하늘이 되어 그림으로 나타났습니다. 산 아래에 있는 다른 점 몇 개를 연결하여 호수를 그려 보았습니다. 호수 옆에서 조금 쉬었다 일어나 보니 호수에도 수많은 점이 나를 기다리고 있습니다. 하늘에서부터 산 아래로 시원한 바람이 불어 내려옵니다. 호수에 있는 점을 이렇게 저렇게 연결해서 물결을 그려 넣었습니다. 바람에 의해 호수 위 물결이 흔들립니다. 내 삶의 크고 작은 인생의 의미가 반짝입니다.

04
불안과 책임

인간이 자유로운 존재라는 것이 신나는 일만은 아닙니다. 자유로운 존재는 한평생 불안한 마음으로 살아가야 하며, 자기에게 일어난 모든 일을 책임져야 하기 때문입니다.

자유로운 존재는 불안한 존재이다

자유로운 존재는 곧 불안한 존재입니다. 자유로운 존재는 무엇이라도 할 수 있지만, 그 무엇인가를 할 때 어떤 위험이 있을지 모르기 때문입니다. 무엇인가 이루어지지 않은 단계에서 감행해야 하는 것이기 때문에 불안합니다. 모든 것을 자신이 스스로 잘 알아서 해야 합니다. 마치 높은 절벽 위에서 한 발 한 발 내디딜 때의 기분과 같습니다.

높은 절벽 위입니다. 바람이 세차게 불어 머리카락이 헝클어지고 옷자락은 펄럭입니다. 절벽 아래는 깎아지른 낭떠러지입니다. 중심을 잃어 떨어지지는 않을까 두려워집니다. 한 걸음씩 내디딜 때마다 나는 불안합니다. 조심하겠다고 생각하며 불안 속에서 한 걸음씩 나 자신을 자기 인생의 미래로 옮겨가고 있는 것입니다. 사르트르는 불안의 감정은 자유로운 존재에게는 당연하게 생기는 것이고, 자유와 불안은 같은 것이며 불안은 자유를 담아두는 외적 형태와 같은 것이라고 합니다.

> "인간은 불안에 의해 비로소 자유를 의식하게 된다. 달리 말하자면 인간에게 있어서 불안이란 자유의 외적 형태이다."★

자유로운 존재는 책임지는 존재이다

인간이 자유로운 존재라는 것은 인간은 책임지는 존재라는 뜻이기도 합니다. 자신에 관해 자유롭게 선택한 모든 일을 인간은 '책임'져야 합니다. 그런데 사르트르가 말하는 책임이란 행동의 잘잘못을 따져 잘못된 부분에 대해 법적인 책임을 부담한다는 뜻이 아닙니다.

★ Jean-Paul Sartre, 〈Being and Nothingness〉, Routledge(1956), Part 1, Chapter 1. V의 15번째 문단(p.29), "It is in anguish that man gets the consciousness of his freedom, or if you prefer, anguish is the mode of being of freedom as consciousness of being."

사르트르가 말하는 책임이란 자신에게 일어난 모든 일을 자기 인생의 일부로서 '감당'하고 '수용'하는 것을 말합니다.

개미의 세상으로 잠시 가 보겠습니다. 어디론가 뛰어가는 개미 앞에 작은 나뭇가지를 하나 놓아 보겠습니다. 개미는 이 나뭇가지가 어디에서 왔는지, 왜 자기 앞에 나타났는지 알 리가 없습니다. 이 작은 나뭇가지가 처음부터 거기에 있었던 것이든, 바람에 우연히 날아온 것이든, 제가 일부러 그곳에 놓은 것이든, 이 작은 나뭇가지는 이제 개미라는 존재의 일부입니다. 이 나뭇가지가 나타난 것에 대해 개미의 행동에 어떤 잘잘못이 있는지 따지는 것은 부질없습니다. 이 나뭇가지를 돌아서 가든 넘어서 가든, 아니면 이 나뭇가지를 옮기든, 개미는 어떻게든 이 나뭇가지를 감당하며 살아가야 합니다.

전쟁이 발발했다고 생각해 보겠습니다. 전쟁이 발발한 이 시대, 이 상황은 나의 존재와 구별되는 것이 아닙니다. 내가 전쟁을 선포하지 않았을지라도 나는 이 전쟁의 시대와 상황을 나의 삶으로 감당하고 살아야 합니다. 나는 사실은 이 시대, 이 상황에 태어나기를 원하지 않았다고 말하는 것은 부질없는 일입니다. 스스로 목숨을 끊거나 전쟁이 발발하지 않은 곳으로 멀리 떠나 버림으로써 이 시대와 상황을 거부할 수도 있습니다. 그것도 이 시대와 상황을 감당하는 또 하나의 방법입니다. 전쟁이 발발한 잘잘못을 따져 시대와 상황 일부에 대해서만 감당할 수는 없는 노릇입니다. 이 시대와 상황 전체를 어떻게든 감당하고 수용하는 것이 곧, 내 인생을 살아가는 것입니다.

자신의 삶에 대한 작가적 태도

사르트르는 자신에게 일어나는 일을 자신의 존재 일부로 감당하는 것이란, 자신에게 일어나는 모든 일을 이야기로 생각하고, 자신을 그 이야기의 '작가'로 생각하는 것이라 했습니다. 나와 당신은 자신의 세계와 인생에 대한 '작가'로서 이야기를 만들어 가야 합니다.

> "인간은 자신에게 발생한 모든 상황에 대하여 그것의 작가라는 자랑스러운 의식을 가지고 떠맡아야 한다."★

★ Jean-Paul Sartre, 〈Being and Nothingness〉, Routledge(1956), Part 4, Chapter 1. Ⅲ의 2번째 문단(p.553), "He must assume the situation with the proud consciousness of being the author of it."

05
타인의 존재

당신은 잘생겼나요, 못생겼나요? 대범한가요, 소심한가요? 당신은 불행한 사람인가요, 행복한 사람인가요?

타인은 나의 존재를 훔치는 자이다

당신이 이렇게 생각하게 되는 것은 세상에 나 이외에 타인이 존재하기 때문입니다. 만약 세상에 아무도 없고 나 자신만 존재한다고 생각해 보세요. 내가 잘생겼는지 못생겼는지, 대범한지 소심한지, 불행한 사람인지 행복한 사람인지 처음부터 생각하지도 않았을 겁니다. 그런데 이 세상에 나만 존재하는 것이 아니어서, 나도 모르게 나 자신을 타인과 비교하며 삽니다. 타인과 비교할 때 비로소 나는 잘생기거나 못생기거나, 대범하거나 소심하거나, 불행하거나 행복하거나 한 것입니다.

타인들은 나에게 '잘생긴 나·못생긴 나, 대범한 나·소심한 나, 불행한 나·행복한 나'라는 의미를 부여하고 어떠한 용도로 나를 정하려고 합니다. 그들은 나를 정의하려 하고 나의 삶에 의미를 부여하려 합니다. 이것은 어떻게 보면 '그들의 자유'입니다. 나의 존재는 그들의 삶에서 하나의 불안한 상황이기 때문입니다. 그들의 삶에 맞추어 나를 정의하는 것은 그들의 삶에서는 당연한 일입니다. 타인은 이렇게 나에게 관여하려고 합니다. 그래서 사르트르는 타인은 '나의 존재를 훔치는 자'라고 했습니다.

> "타인은 나에게서 나의 존재를 훔치는 자이며 나의 존재를 거기에 놓아두는 자이다."★

우리는 타인이 나의 존재를 '훔치도록' 내버려 두어서는 안 됩니다. 그들은 나에 대해서 끊임없이 그들의 정의를 제시할 겁니다. 내 삶에 대해 그들이 정한 의미를 부여합니다. 타인이 보기에, 내가 잘생기거나 못생기거나, 대범하거나 소심하거나, 불행하거나 행복하거나 할 수도 있습니다. 그것은 그들이 나를 그들의 용도로 삼으려는

★ Jean-Paul Sartre, 〈Being and Nothingness〉, Routledge(1956), Part 1, Chapter 1. V의 15번째 문단(p.364), "The Other is for me simultaneously the one who has stolen my being from me and the one who causes 'there to be' a being which is my being."

것일 뿐입니다. 그들의 삶에 있어서 그들의 존재 이유와 목적으로 나를 이해하는 것입니다. 나의 존재를 훔쳐 그들의 삶으로 가져가려는 것입니다.

그럴 때마다 항상 경계해야 합니다. 타인이 나의 삶에 대해 어떤 의미를 부여하는 것이 그들의 자유이겠지만, 나에게는 나만의 자유가 있음을 잊지 말아야 합니다. 나는 그들의 '종이 자르는 칼'이 아닙니다. 나는 물건처럼 어떤 용도가 정해져서 태어나고 존재하는 것이 아닙니다. 나는 인간입니다. 처음부터 아무런 의미가 없는 존재입니다. 그래서 인간인 나에 대하여는, 오직 나만이 자유롭게 나를 정의하고, 자유롭게 내 삶에 의미를 부여할 수 있습니다.

나의 죽음이란 타인에게 버려지는 외투

우리는 살아 있는 한에 있어서만 타인이 나에 대해 관여하는 것을 거부할 수 있습니다. 그런데 우리가 죽어 버리면 우리는 타인의 관여를 더 이상 거부할 수 없습니다. 내가 죽으면 나의 존재와 함께 나의 자유는 사라지기 때문입니다. 세상에는 살아 있는 자들인 타인의 자유만 남습니다. 타인은 죽은 나조차도 그들의 용도로 사용하고, 그들의 존재에 필요한 의미와 목적으로 이용할 겁니다. 그래서 사르트르는 죽음이란 '타인에게 버려지는 하나의 외투'와 같은 것, '죽어 있는 자들은 살아 있는 자들의 희생물'이라고 했습니다.

그래서 자살하는 것, 즉 자기의 죽음에 대해 자기만의 의미를 부여
하겠다며 자기 목숨을 버리는 것은 헛된 일입니다. 내가 죽기 전에
나의 죽음에 대해 내가 어떠한 의미를 부여하겠다고 했어도 내게 아
무런 소용이 없기 때문입니다. 죽음으로써 나의 자유는 사라지므로,
내가 부여한 내 죽음의 의미를 정작 나는 결코 가질 수 없기 때문입
니다. 자기의 죽음에 부여한 의미는 자신이 누리지 못합니다. 자기
의 죽음에 부여한 의미는 자신에게는 영원히 미결정인 채로 남는 것
입니다. 그야말로 자신에게는 무의미한 것입니다. 남은 타인들에게
내 죽음을 버려진 외투처럼 던져 주고, 나는 기쁨도, 슬픔도, 서러움
조차도 느끼지 못한 채 태어나기 전과 같이 '무의미'로 사라지는 것
입니다.

> "자살도 내 삶에서의 행위이므로 하나의 의미를 수반한다. 그런데
> 그 의미는 오직 미래에서 확인되는 것이다. 하지만 자살은 삶의 마지
> 막 행위이므로 그에게 미래라는 것이 올 리가 없다. 그래서 자살은 그
> 에게는 영원히 미결정인 채로 남겨지는 것이다."★

★ Jean-Paul Sartre, ⟨Being and Nothingness⟩, Routledge(1956), Part 4, Chapter 2. II, E의 15번
째 문단(p.540), "Since it(suicide) is an act of my life, indeed, it itself requires a meaning which
only the future can give to it; but as it is the last ac of my life, it is denided this future. Thus it
remains totally undetermined."

06
과거, 현재, 미래

당신은 과거, 현재, 미래 중 어디에 살고 있나요? 어디에 살고 있다고 생각하고 사나요?

우리는 현재와 미래 사이에 살고 있다

우선 저는 '현재'에 사는 것이 아닙니다. 제가 현재라고 깨닫는 순간 나를 둘러싼 그 현재는 벌써 과거로 흘러가서 지금 여기에 없기 때문입니다. 현재라고 깨닫는 바로 그 순간, 미래가 나를 향해 밀려 들어오기 때문입니다. 내가 현재, 글 쓰는 것을 멈추고 미래의 나 자신을 '길을 걷는 나'로 정의한 후 밖으로 나가 길을 걸으면 어떻게 될까요? 글을 쓰고 있는 나의 현재는 과거로 사라지고, 미래가 나를 향해 밀려들어 와 내가 '길을 걷는 삶'을 현재에 살도록 합니다.

그렇다고 제가 '미래'에 사는 것도 아닙니다. 모든 미래가 내게 흘러 들어오는 것은 아니기 때문입니다. 나는 글 쓰는 현재를 멈추어 두고 미래의 나 자신을 '길을 걷는 나'로 정의하고 밖으로 나가 길을 걷습니다. 그러면 모든 미래 중 '길을 걷는 나'라는 미래, 내가 현재에 선택한 미래만이 나의 미래로서 내게 밀려들어 옵니다. 내가 현재 걷기로 선택하지 않은 다른 길은 나의 미래에 포함되지 않고, 현재이든 미래이든 그저 경치일 뿐인 것과 같습니다. 내가 현재에 선택한 미래만이 내게 흘러들어 오는 미래입니다.

그래서 저는 제가 '현재와 미래의 사이'에 살고 있다고 생각하고 삽니다. 나의 현재를 생각해 보겠습니다. 오늘 했던 몇 가지 실수가 생각납니다. 속이 조금 상하지만, 괜찮습니다. 나는 나를 향해 밀려오는 미래를 향해, '오늘의 실수를 반복하지 않는 나'를 선택하고 그러한 정의를 그리로 던집니다. 그러면 곧 미래가 밀려옵니다. 그것은 모든 미래가 아니라 내가 현재에 선택한 미래입니다. '오늘의 실수를 반복하지 않는 나'와 관련이 없는 미래는 그저 경치일 뿐입니다. 저는 이렇게 현재와 미래 사이에 살고 있습니다.

과거도 현재와 미래 사이에 존재한다

우리는 자신의 과거가 마치 과거의 시간 속에 박제되어 돌이킬 수가 없다고 생각합니다. 그러나 과거는 박제된 것이 아닙니다. 과거에 일어난 어떤 사건의 의미는 현재와 미래의 사이에서 내가 어떻게 계획하고 있는지, 무엇을 행동하고 있는지에 따라 전혀 조명을 받지 않을 수도 다시 조명을 받을 수도 있습니다. 그리고 다시 조명을 받더라도 어떻게 조명을 받는지는 과거가 아니라 현재와 미래에서 결정됩니다.

> "내가 도둑질로 감옥에서 보냈던 과거가 있다면 그 과거가 유익한 것인지 해로운 것인지는 누가 결정하는가? 현재의 나, 내가 지금 도둑질을 그만두었는지 도둑질을 계속하고 있는지가 결정한다."★

과거는 현재와 미래 사이에 있는 나의 계획과 행동에 따라 끊임없이 심판받습니다. 이러한 심판은 한 번으로 끝나는 것이 아닙니다. 과거의 사건에 대한 오늘의 심판이 다르고, 내일의 심판이 다릅니다. 현재와 미래에 사는 내가 어떻게 삶에 의미를 부여하고 계획하고 행동하는지에 따라, 내가 나의 삶에서 무엇을 기대하고 있는지에 따라 그때마다 과거는 다시 해석됩니다. 과거는 중세의 탑이나 성벽에 갇혀 있는 것이 아닙니다. 과거는, 현재와 미래 사이에 사는 나의 광활한 자유에 던져져서 끊임없이 심판받습니다. 그래서 사르트르는 과

★ Jean-Paul Sartre, 〈Being and Nothingness〉, Routledge(1956), Part 4, Chapter 2. II, B의 6번째 문단(p.498), "Who shall decide whether the period which I spent in prison after a theft was fruitful or deplorable? I-according to whether I give up stealing or become hardened."

제1장
실존주의

거는 언제나 '무한히 유예된 상태'에 있다고 말하는 것입니다.

> "그래서 과거는 무한히 유예된 상태에 있는 것이다. 인간의 현실은 과 거라고 할지라도, 그리고 미래에는 당연히 무엇인가를 항상 영원히 기대하는 상태라고 할 수 있기 때문이다."[★]

그렇다면 과거도 '현재와 미래 사이'에 존재합니다. 내가 겪은 과거 의 사건은 이미 발생한 상태입니다. 우리가 그것을 되돌아보지 않으 면 아무것도 아닙니다. 우리가 그것을 되돌아보는 순간, 과거는 현 재와 미래의 계획과 행동의 관점에서 다시 의미가 부여됩니다. 그렇 다면 과거 역시, 미래로부터 현재의 내게 흘러들어 오는 것입니다. 나를 향해 밀려오는 미래는 사실 미래만이 아니라 나의 과거도 이끌 고 오는 것입니다. 당신의 과거에 실패가 있다고요? 그렇지 않습니 다. 그것의 의미는 아직 결정되지 않았습니다. 당신이 장차 어떤 삶 을 사는지에 따라 당신의 과거는 어느 순간 미래와 함께 당신 앞에 나타날 것입니다.

자유로운 존재로서 당신이 미래를 향해 당신을 정의하고 당신의 삶 에 의미를 부여하는 과정은 사실상 과거를 결정하고 구원하는 과정

[★] Jean-Paul Sartre, 〈Being and Nothingness〉, Routledge(1956), Part 4, Chapter 2. II, B의 11번 째 문단(p.501), "Thus the past is indefinitely in suspense because human-reality 'was' and 'will be' perpetually expecting."

입니다. 그래서 당신은 현재와 미래에 관하여서만 자유로운 존재인 것이 아니라, 과거에 관해서도 자유로운 존재입니다.

07
행동의 의미

아침에 일어났습니다. 어젯밤 잠든 사이에도 여전히 세상은 그대로 있습니다. 내가 살아 나가야 할 나의 세상입니다. 나는 자유로운 존재이므로 이 세상에서 나는 나를 정의하고 내 삶에 의미를 부여하며 살아가야 합니다. 그런데 조금 걱정이 됩니다.

자유로운 존재는 행동하는 존재이다

자유로운 존재로서 나의 삶을 살아가는 것이 쉽지만은 않습니다. 내 삶에 대한 선택은 무엇인가 이루어지지 않은 단계에서 감행해야 하는 것이기 때문에 불안합니다. 내 삶의 선택에 대해 나는 아무런 핑계를 대지 못하고, 전적으로 내 존재의 일부로 감당해야 하는 그 절대적인 책임이 무겁습니다. 자유로운 존재로서 운명처럼 받아들여야 하는 불안과 그 책임으로부터 도피하고 싶은 마음이 들기도 합니다.

어떻게 해야 할까요? 자유로운 존재로서 자신의 자유를 신중하고 과 감하게 '행동'하여 앞으로 나아가는 길 이외에 다른 방법은 없습니다.

높은 절벽 위에 있습니다. 바람이 세차게 불어 머리카락이 헝클어지 고 옷자락은 펄럭입니다. 한 발 앞으로 조금 나아가 절벽 아래를 내 려다봅니다. 깎아지른 낭떠러지입니다. 세찬 바람으로 머리카락과 옷자락이 흔들려 중심을 잃어 떨어지지는 않을까 두려워집니다.

나는 절벽에서 뛰어내리는 '행동'을 할 수도 있습니다. 내가 절벽에 서 뛰어내리는 것을 금지하는 것은 아무것도 없습니다. 내게는 그렇 게 할 자유가 있습니다. 나는 절벽 아래로 걸어 내려오는 '행동'을 할 수도 있습니다. 내가 절벽 아래로 걸어 내려오는 것을 금지하는 것 역시 아무것도 없습니다. 내게는 그렇게 할 자유가 있습니다.

행동은 다시금 나의 자유를 실감하게 해 줍니다. 나는 어떤 행동을 할지 자유롭게 선택할 수 있습니다. 나는 절벽에서 뛰어내릴 수 있 었고 걸어 내려올 수 있었습니다. 내가 절벽에서 뛰어내렸다면 그 결과에 대해서 나는 감당해야 합니다. 내가 죽는다면 나는 타인에게 나의 죽음을 마음껏 해석하라고 나를 넘기는 것입니다. 내가 절벽에 서 걸어 내려왔다면 절벽 아래의 삶에 대해서 다시 끊임없이 감당하겠다는 선택입니다.

절벽 아래의 삶은 자유로운 삶입니다. 그래서 불안한 삶이고, 책임
지는 삶입니다. 수많은 타인은 나의 존재에 관여할 것이고, 나의 불
행과 행복을 정의할 것이고, 내 삶에 의미를 부여하려고 할 것입니
다. 나는 자유롭게 그들의 관여를 거부합니다. 나는 나의 현재와 미
래 사이에서 살면서 밀려오는 미래를 향해 내 삶의 의미를 던져서
나의 현재로 만들 것입니다. 나의 과거도 내가 구원할 수 있습니다.
이 자유로운 삶은 행동하는 삶입니다.

> "실존주의는 행동을 주저하도록 하지 않는다. 실존주의는 인간은 오
> 로지 행동에서만 희망을 가질 수 있다고 말한다. 인간이 삶을 사는 유
> 일한 경우는 바로 행동할 때이다."[★]

★ Jean-Paul Sartre, 〈Existentialism Is a Humanism〉, Yale University Press(2007), 20번째 문
단, "Nor is it an attempt to discourage man from action since it tells him that there is no hope
except in his action, and that the one thing which permits him to have life is the deed."

제 2 장

정신분석학

"이드id가 있던 그 자리를
자아ego가 차지하도록 해야 한다."

- 프로이트 -

01

운전

차를 운전합니다. 차들이 앞서거니 뒤서거니 달리고 있습니다. 갑자기 내 차 앞으로 까만색 차 한 대가 끼어듭니다. 깜짝 놀랐습니다. 나는 급히 속도를 줄였습니다. 내가 속도를 줄이지 않았다면, 사고가 났을 겁니다. 그런데도 저 까만색 차는 아랑곳하지 않고 달리고 있네요.

그런데 차가 멈칫하며 흔들리는 바람에 '내 마음속 누군가'가 깨어난 것 같습니다. 그는 버럭 내게 이렇게 소리를 지릅니다. "저 까만색 차는 너를 나약한 사람으로 보고 있어. 네가 겁을 먹고 속도를 줄일 것을 알고 그렇게 막무가내로 끼어든 거야." 나는 그의 눈치를 봅니다. 무엇이라도 해야 할 것 같습니다. 저 까만색 차를 뒤쫓아 가서 화를 내어 볼까요?

그만두었습니다. 조금만 생각해 보면 저 까만색 차가 나를 나약한 사람으로 보아서 그랬을 리가 없습니다. 그는 미숙한 초보 운전자일 수도 있고, 지금 급한 일이 있을 수도 있습니다. 무엇보다, 누군가 내 차 앞에 끼어든 일은 내 인생에서 지극히 사소한 일입니다. 그가 왜 그랬는지는 생각할 가치조차 없는 문제입니다. 오히려 저 차를 쫓아 가는 것이야말로 내가 나약한 사람이라고 자백하는 꼴입니다. 지극 히 사소한 일에 그렇게 놀랐다는 것이니 말입니다.

그런데 방금 내게 버럭 소리를 질렀던 '내 마음속 누군가'는 무엇인 가요? 나는 괜찮아졌는데, 그는 아직 분을 삭이지 못한 것 같습니다. 그는 누구일까요?

이와 같은 '내 마음속 누군가'를 연구하는 두 가지 이론을 소개하겠 습니다. 하나는 정신분석학psychoanalysis이고 다른 하나는 인지치료 cognitive therapy입니다. 모두 심리학의 심리치료 분야에서의 이론입 니다.

정신분석학은 운전 중 깨어난 내 마음속 누군가에 대하여 '자기도 모르는 마음속 깊은 곳에 존재하는 불안과 분노'라고 설명합니다. 정신분석학은 의사인 프로이트Freud가 창시한 심리치료 기법입니 다. 그는 사람에겐 마음속 깊은 곳에 자신도 모르는 무의식의 세계 가 있으며, 그곳에 있는 원초적 욕구가 억압될 때 발생한 불안과 분노가 적절히 해소되지 않고 스스로 감당되지 않으면 마음의 병이 생긴다고 하였습니다. 이것이 곧 프로이트가 1900년에 〈꿈의 해석The Interpretation of Dreams〉을, 1917년에 〈정신분석학 강의Introductory Lectures on Psychoanalysis〉 등의 책을 출간하면서 정립한 정신분석학입니다.

인지치료 이론은 운전 중 깨어난 내 마음속 누군가에 대하여 '눈앞의 문제에 집중하다 보면 그것을 인생의 가장 중요한 문제라고 보게 되는 착각, 망상'이라고 설명합니다. 현대 심리치료 이론 중 '인지치료'라고 불리는 이론이 있습니다. 인지치료 이론은 정신분석학과 달리 무의식의 세계가 아니라 의식의 세계, 즉 자신이 의식하고 생각할 수 있는 인지의 세계를 연구합니다. 그래서 '인지' 치료라고 부릅니다. 우리는 생각할 때 자주 여러 가지 착각이나 망상에 빠지는 경향이 있는데 그러한 착각, 망상에서 빠져나오지 못하면 마음의 병이 생긴다고 합니다. 이것이 '인지치료' 이론입니다.

오늘날 심리치료의 현장에서는 프로이트의 정신분석학보다는 인지치료가 약물치료와 함께 임상적 효과가 훨씬 뛰어난 것으로 알려져 있으며, 그래서 인지치료가 정신분석학보다는 널리 적용되고 있습니다. 그러나 심리치료 분야 자체가 프로이트의 정신분석학의 체계 내에서 논의되는 것입니다. 더욱이 인지치료 이론도 사람의 마음에 관해 무의식과 의식의 이분법을 전제하고 있습니다. 인지치료 이론도 착각, 망상이 무의식의 세계에 뿌리가 있다는 점을 인정하고 있으며, 심리치료의 새로운 기법을 연구할 때에도 그것이 프로이트의 정신분석학에서 어떤 의미가 있는지부터 반드시 언급할 정도입니다. 프로이트의 정신분석학을 이해하지 못하고서는 심리치료 분야를, 심리학이라는 학문이 우리의 마음을 들여다보는 관점을 이해할 수 없습니다.

이제부터 운전 중 내게 버럭 소리를 질렀던 '내 마음속 누군가'를 찾아 여행을 떠나 보겠습니다. 프로이트의 정신분석학과 인지치료 이론의 도움을 받아보도록 하겠습니다. 내 마음속 누군가를 찾는 과정에서 우리의 마음에 관해 많은 이야기를 들을 수 있을 것입니다. 가장 가까운 곳으로 떠나는 여행인데 새삼 설레는 기분이 드네요.

02
원초적 욕구와 억압

사람의 마음은 어떻게 생겼을까요? 사람들은 서로 사랑한다고 말하기도 하고 서로 미워하며 분노하기도 합니다. 사랑, 미움, 분노의 감정은 마음의 어디에 있을까요? 마음속에 산과 들이 있어 그 위에 풀처럼 조금씩 자라나는 걸까요, 마음속에 하늘이 있어 그곳에서 구름처럼 모였다가 사라지고 비가 되어 내리기도 하는 걸까요?

무의식의 세계에 원초적 욕구가 흐르고 있다

프로이트는 마음의 풍경에 관한 그림을 하나 그렸습니다. 그는 마음의 풍경을 산, 들, 하늘이 보이는 '지상세계'와 그 아래 용암이 흘러 다니는 '지하세계'로 나누었습니다. 그런데 그는 눈에 보이는 마음의 지상세계에 대해서는 별 관심이 없었습니다. 눈에 보이지 않는 마음의 지하세계에 관심을 가지고 그곳의 여기저기를 자세히 그렸습니다. 프로이트는 그곳을 '심리적 지하세계' 또는 '무의식'이라고 불렀습니다. 그는 이곳을 살펴보아야, 사람의 마음이란 것을 제대로 이해할 수 있다고 하였습니다.

심리적 지하세계에 무엇이 있을까요? 프로이트는 인간의 심리적 지하세계에 인간의 '원초적 욕구' 또는 '본능적 욕구'가 용암처럼 흘러 다니고 있다고 합니다. 프로이트는 이 원초적 욕구의 본질적 성질을 바로 '성^性적 욕구'라고 보았습니다.

그런데 여기서 의문이 생깁니다. 심리적인 지하세계가 인간이 의식할 수 없는 무의식의 세계라면 말 그대로 인간이 의식하지 못하는 곳일 텐데, 프로이트는 어떻게 그곳에 있는 원초적 욕구의 본질적 성질이 성적 욕구라고 단언했을까요? 이에 대해 프로이트는 자신도 무엇이 진실인지 장담할 수는 없지만, 원초적 요구의 본질적 성질을 성적 욕구라고 가정하고 환자들의 마음을 이해하려고 해 보니 그런대로 가장 잘 이해되었고, 환자에게 그렇게 이해시켜 보니 증상도 호전되었다고 대답합니다. 프로이트는 정신분석학이란 사람의 마음을 '이해 가능한' 것으로 해석하는, '해석의 예술'이라고 합니다.

오늘날의 정신분석학은 프로이트에서 조금 더 나아가, 원초적 욕구에는 성적 욕구 이외에도 '안전 욕구', '인정 욕구'도 있다고 설명합니다. 안전 욕구란 생존을 위협하는 무언가로부터 안전하게 보호받고 자 하는 욕구이고, 인정 욕구란 무엇인가를 잘해서 주변 사람에게서 인정받고자 하는 욕구를 말합니다. 어린 시절에 부모와의 애착 관계 를 잘 형성하여 안전 욕구, 인정 욕구를 제대로 충족시켜 주어야 장 차 어른이 되어도 사회성이 제대로 발달한다는 이론은 이러한 입장 에 속합니다. 따뜻한 방 안에서 충분히 따뜻한 기운을 느끼고 있다 보면 추운 곳에 나가더라도 그렇게 추위를 타지 않지만, 차디찬 골 방에 한참을 움츠린 채 있다가 밖으로 나오면 선선한 바람에도 몸과 마음이 시린 것을 생각해 보면, 모두 그럴듯한 이론입니다.

그런데 프로이트가 처음 말하였던 성적 욕구는 '사랑하고자' 하는 욕 구로 이해할 수 있고, 오늘날의 정신분석학이 말하는 안전 욕구, 인 정 욕구는 '사랑받고자' 하는 욕구로 이해할 수 있습니다. 그리고 프 로이트가 말한 성적 욕구를 넓은 의미의 성적 욕구인 '사랑의 욕구' 로 이해하고, 여기에는 사랑'하고자' 하는 욕구(프로이트가 처음 말하 였던 성적 욕구)와 사랑'받고자' 하는 욕구(오늘날 정신분석학이 말하고 있는 안전 욕구, 인정 욕구)로 이루어져 있다고 볼 수도 있습니다. 이 렇게 보면 무의식의 세계에 흐르는 원초적 욕구의 본질이 넓은 의미 의 성적 욕구라는 프로이트의 말이 그렇게 틀린 것도 아닙니다. 즉, 인간의 무의식에는 사랑하고자 하는 욕구(성적 욕구), 사랑받고자 하는 욕구(안전 욕구, 인정 욕구)가 있다는 것입니다. 인간이라는 존 재는 '사랑의 욕구' 덩어리라고 할 수 있습니다.

원초적 욕구가 억압되면서 불안과 분노가 마음에 차오른다

프로이트는 인간의 원초적 욕구는 불가피하게 '억압'되는 과정을 거칠 수밖에 없는데 그러한 억압 과정에서 발생한 불안과 분노가 심리적 지하세계에 가득 차게 된다고 합니다.

원초적 욕구는 현실 세계에서 완전히 충족시킬 수는 없습니다. 반드시 억압되어야 합니다.

성적 욕구를 생각해 보겠습니다. 현실 세계에서 성적 욕구를 마음껏 충족하겠다고 마음대로 행동한다면 그는 즉시 성범죄자가 되어 죄를 짓고 공동체에서 쫓겨날 겁니다. 성적 욕구는 억압될 수밖에 없습니다. 안전 욕구도 완전히 충족시킬 수 없습니다. 현실 세계에는 언제나 위험이 도사리고 있고 그러한 위험을 완전히 제거하는 것은 불가능하기 때문입니다. 인정 욕구도 마찬가지입니다. 인간은 살아남기 위해 무엇인가를 배우고 사회질서에 순응해야 하는데 그 과정에서 항상 실수하기 마련입니다. 그래서 자신의 실수를 지적받고 그때마다 크고 작은 수치심과 모멸감을 느끼게 됩니다. 인정 욕구가 완전히 충족되는 상태는 있을 수 없습니다.

인간의 삶을 살면서 원초적 욕구의 흥분이 자주 촉발되겠지만, 그러한 원초적 욕구는 현실에서 거의 충족되지 않고 억압됩니다. 원초적 욕구가 이렇게 억압되면서 최초의 원초적 욕구의 흥분은 '불안'으로 변합니다. 여기에 원초적 욕구가 좌절되어 못마땅한 기분인 원망, 울분과 같은 '분노'도 섞이게 됩니다. 심리적인 지하세계에 뜨거운 용암과 같이 흘러 다니던 원초적 욕구와 그 흥분은 이제 불안과 분노의 감정으로 변하는 것입니다. 불안과 분노의 회색 연기로 심리적 지하세계가 가득 차는 것입니다. 이제 이러한 무의식적인 불안과 분노는 어떻게든 표출되고 해소되어야 하는데, 잘못 표출되면 강박증, 우울증의 신경증이 발생하고, 잘못 표출되지 않아도 대체로 방어기제의 방법으로 해소되는 것입니다.

인간의 마음속 세 인격: 이드, 자아, 초자아

프로이트는 원초적 욕구가 억압되어 무의식에 불안과 분노가 발생하는 관계를 이해하기 쉽도록 설명한 적이 있습니다. 그는 인간의 마음속에 세 가지 인격이 있다고 말합니다. 그것은 이드^{id}, 자아^{ego}, 초자아^{super-ego}입니다.

인간이란 본래 원초적 욕구 그 자체, 즉 '본능 덩어리'였습니다. 이 본능 덩어리를 프로이트는 '이드^{id}'라고 불렀습니다. 이드^{id}는 마음속 깊은 곳의 본능, 본능 덩어리, 지금까지 말한 원초적 욕구를 말합니다. 이것이 당신의 첫 번째 인격입니다.

본능 덩어리는 오로지 쾌락과 충동의 원리만 따르는 맹목적인 물질입니다. 그런데 본능 덩어리인 인간은 현실 세계를 접하는 감각 기관을 가지고 있습니다. 이 본능 덩어리는 감각 기관을 통해 현실 세계를 접하며 중요한 것을 깨닫게 됩니다. 현실 세계에서 살아남기 위해서는 쾌락과 충동을 절제하지 않으면 안 된다는 사실입니다. 만약 본능 덩어리가 맹목적으로 쾌락과 충동을 좇는다면 현실에서는 곧바로 위험에 빠져 죽음에 이를 것입니다. 그런데 위험과 죽음을 맞이한다는 사실은 본능 덩어리에게도 역시 하나의 '불쾌'입니다. 즉, 쾌락과 충동의 원리에 반합니다. 그래서 본능 덩어리는 그러한 불쾌를 피하겠다고 결단하고서 스스로 절제와 통제를 선택하는 것입니다. 본능 덩어리가 쾌락과 충동을 스스로 절제하고 통제하면서 본능 덩어리의 일부가 점점 다른 무엇으로 변모합니다. 현실 세계를 인식하는 의식이나 이성이 생겨나는 것입니다. 이것이 곧 '자아^{ego}'입니다. 자아^{ego}는 현실에서 의식하고 있는 자신입니다. 지금 당신의 마음속에서 이 책을 읽고 있는 당신, 그것이 바로 당신의 자아라고 생각하면 됩니다. 이것이 당신의 두 번째 인격입니다.

그런데 본능 덩어리 이드^{id}에서 자아^{ego}가 분리되는 순간, 마음속에 세 번째 인격이 탄생합니다. 자아는 본능 덩어리에서 발현되는 쾌락과 충동을 현실 세계에 맞추어 절제하고 통제하는데, 자아가 본능 덩어리를 되돌아보며 감시하고 때때로 비난하고 처벌할 때 발생하는 감정이 본능 덩어리 일부에 침전하여 다른 무엇으로 변화시킵니다. 본능 덩어리 일부로 굳어서 단단한 침전물로 변합니다. 이 침전물은 마음속에 규범과 기준을 정해 놓고 항상 감시하며 본능 덩어리가 쾌락과 충동을 추구할 때마다 자아^{ego}를 대신 불러놓고 비난하고 처벌합니다. 프로이트는 이 침전물을 인격자처럼 초자아$^{super-ego}$라고 이름을 붙였습니다. 당신 마음속 깊은 곳의 죄책감, 당신이 지금까지 하였던 실수와 잘못에 대해 스스로 비난하고 처벌하였던 자책감이 바로 초자아입니다.

당신의 이드, 자아, 초자아 중 이 책을 읽으며 현재 우리와 이야기를 나누고 있는 것은 당신의 자아^{ego}입니다. 당신의 자아는 한편으로는 본능 덩어리인 이드^{id}에 의해 쾌락과 충동의 자극을 받지만, 다른 한편으로는 자책감이라는 침전물인 초자아$^{super-ego}$에 의해 행동의 제약을 받습니다. 프로이트는 당신의 자아^{ego}가 현실 세계에 놓여서 본능과 죄책감의 긴장 속에서 자주 무력감을 느낀다고 합니다. 자아는 그럴 때 불안감에 휩싸여, '인생이 쉽지 않군'이라는 감정을 가지게 된다고 합니다.

"그래서 자아는, 이드에 의해 자극을 받고 초자아에 의해 제약을 받고 현실에 거부당한 상태에서 그러한 힘과 영향을 효율적으로 조정하려고 힘겹게 노력한다. 자아는 자주 '인생이 쉽지 않군'이라는 탄식을 억누르지 못할 정도에 이른다. 자아가 무력감을 느낄 때는 불안이 발생하는데, 이 불안은 외부 현실에 대한 실제적인 불안, 초자

아에 대한 도덕적 불안, 이드 내부의 열정적 힘에 대한 신경증적 불안이다."[★]

★ Sigmund Freud, 〈New Introductory Lectures on Psycho-Analysis〉, W. W. Norton & Company(1965), Lecture 31의 31번째 문단, "Thus, the ego, driven by the id, confined by the super ego, repulsed by reality, struggles to master its economic task of bringing about harmony among the forces and influences working in and upon it; and we can understand how it is that so often we cannot suppress a cry: 'Life is not easy!' If the ego is obliged to admit its weakness it breaks out in anxiety - realistic anxiety regarding the external world, moral anxiety regarding the super-ego and neutrotic anxiety regarding the strength of the passions in the id."

03
불안과 분노의 표출

원초적 욕구가 억압되는 과정에서 심리적 지하세계에는 불안과 분노가 가득 차게 된다고 하였습니다. 이러한 불안과 분노는 어떻게든 표출되고 해소되어야 합니다. 이것이 잘못 표출되면 강박증, 우울증의 신경증이 발생하고, 잘못 표출되지 않아도 대체로 방어기제의 방법으로 해소됩니다.

강박증: 불안과 분노와 타협

강박증이란 하고 싶지 않은 생각이나 행동을 반복하게 되는 마음의 병을 말합니다. '나도 그렇게 하기 싫지만, 강박적으로 그렇게 하지 않을 수 없다'라는 마음의 상태입니다. 생각하고 싶지 않은 기억이나 생각이 계속 떠오르거나, 가만히 있고 싶은데도 소리를 질러야겠다는 감정이 생기거나, 손이 깨끗한 줄 알고 있으면서도 계속 손을 씻어야 한다고 느끼거나, 불필요한 물건임을 알면서도 물건을 버리지 못하고 쌓아두고 싶은 것이 바로 강박증입니다.

프로이트는 강박증이란 원초적 욕구가 좌절되어 생긴 불안과 분노가 외부가 아니라 내부의 자아^{ego}를 향하게 될 때 발생하는데, 그런데 불안과 분노의 힘이 자아를 완전히 굴복시킬 정도까지는 아닌 때에 강박증의 병이 생긴다고 합니다. 이때 불안과 분노는 이를 통제하려는 자아와 충돌하면서 결국 다소 비정상적인 생각이나 행동으로 서로 '타협'하게 되는데 그것이 바로 강박증이라고 합니다.

프로이트가 들었던 예를 하나 보겠습니다. 그것이 사실이 아님을 알면서도 자신의 남편이 다른 여자와 부정을 저질렀다는 강박적 망상(의부증)에 대해 프로이트는 그녀가 다른 남자를 향한 성적 욕구를 억압하는 과정에서 발생한 것이라고 해석합니다. 그녀가 가진 다른 남자에 대한 성적 욕구에 대해 마음속 깊은 곳의 초자아에 의하여 자책하게 되면서 그녀의 불안감이 내부의 자아로 향하게 됩니다. 그런데 이때 그녀의 자아는 우연한 계기로 남편에 대해 알게 된 사소한 정보를 이용하여 자책감보다 덜 위협적인 다른 감정, 즉 의부증으로 타협합니다.

"중년의 그녀가 한 젊은 남자에 대해 애정을 느낀다면, 중년의 남편도 어떤 젊은 여자와 부정을 저지르고 있다고 해야, 그녀의 양심에 깃든 죄책감의 무게가 덜어질 것이다. 그래서 그녀의 남편이 부정을 저질렀다는 환상은 자신의 뜨거운 상처에 갖다 대는 서늘한 찜질 같은 것이다."★

오늘날의 정신분석학은 끊임없이 수도꼭지를 틀었다가 잠그는 강박증에 대해서도 이와 같은 방법으로 이해합니다. 어떤 사람의 원초적 욕구가 좌절되고 억압되어 그의 심리적 지하세계에 불안과 분노가 가득 찼다고 생각해 보겠습니다. 그의 이러한 불안과 분노는 누군가를 익사시켜 살해하겠다는 무의식적 환상으로 나아갈 수 있습니다. 하지만 마음속 초아자는 그러한 살해 환상을 자책하게 합니다. 그의 자아는 결국, 익사와 관련하여 우연히 발견하게 된 덜 위협적인 다른 행동, 즉 끊임없이 수도꼭지를 틀었다가 잠그는 다소 비정상적인 행동의 강박증으로 타협하게 되었다는 것입니다.

★ Sigmund Freud, 〈Introductory Lectures on Psycho-Analysis〉, W. W. Norton & Company, 1966), Lecture 16의 13번째 문단(p.279), "If not only were she, the old woman, in love with a young man, but if also her old husband were having a love affair with a young girl, then her conscience would be relieved of the weight of her unfaithfulness. The fantasy of her husband's unfaithfulness thus acted as a cooling compress on her burning wound."

우울증: 불안과 분노에 굴복

우울증이란 자신이 무능하고 열등하다는 기분에 사로잡혀 아무런 의욕이 없는 마음의 병을 말합니다. 우리는 실패나 좌절이 있으면 한동안 우울한 기분에 빠집니다. 그러나 그러한 기분으로부터 아주 오랫동안 헤어 나오지 못하고 일상적인 활동까지 해낼 수 없을 정도에 이르면 그것은 병으로서의 우울증입니다.

프로이트는 우울증이란 원초적 욕구가 좌절되고 억압되어 생기는 불안과 분노가 특히 자책감에 시달린 내부의 자아^{ego}를 향하게 될 때 발생하는데, 그런데 그 불안과 분노의 힘이 너무 센 나머지 자아를 굴복시킬 정도까지에 이르면 우울증의 병이 생긴다고 합니다.

부모의 지나치게 엄격한 양육 방식으로 긴장과 냉대를 겪은 사람이 있습니다. 그의 안전 욕구와 인정 욕구는 불안과 분노의 감정으로 변환될 수 있습니다. 이러한 불안과 분노가 초자아라는 자책감에 시달리고 있는 내부의 자아^{ego}로 향하고, 마침 자아가 너무나 유약하면 이러한 감정에 굴복하고 장악당하게 됩니다. 이때 그는 자신을 극도로 비난하고 책망하며 우울증이라는 병에 걸리는 것입니다.

프로이트에 의하면 강박증과 우울증은 비슷한 원리로 발생합니다. 자아가 심리적 지하세계의 불안과 분노를 감당하지 못할 때, 불안과 분노와 어느 정도 '타협'하는 것이 강박증이고, 불안과 분노에 완전하게 '굴복'하는 것이 바로 우울증입니다. 강박증은 자아가 불안과 분노를 자아 밖에 둔 채로 협정을 맺은 것이고, 우울증은 자아가 불안과 분노에 의해 완전히 점령당한 것입니다.

> "강박증에서는 문제가 되는 억압의 대상이 아직은 자아 밖에 머물러 있다. 하지만 우울증에서는 죄책감의 극심한 분노의 대상이 아예 자아 안으로 끌려 들어와 자아와 일체가 되어 버린 것이다."★

방어기제: 불안과 분노의 은밀한 표출

프로이트의 원초적 욕구와 억압 및 불안과 분노에 관한 이러한 설명은 강박증과 우울증 이외의 다른 행동에도 적용할 수 있습니다. 특히 사람들의 여러 가지 비합리적인 행동을 설명할 수 있습니다.

인간은 심리적 지하세계의 원초적인 욕구가 억압할 때 발생하는 불안과 분노를 어떠한 방식으로든 표출하거나 해소하지 않으면 안 됩

★ Sigmund Freud, 〈The Ego and the Id〉, W. W. Norton & Company(1962), 11번째 문단, "In obsessional neurosis what were in question were objectionable impulses which remained outside ego, while in melancholia the object to which the super-ego's wrath applies has been taken into the ego through identification."

니다. 그런데 불안과 분노는 매우 은밀한 방법으로 표출되고 해소되기도 합니다. 프로이트는 사람들이 불안과 분노를 표출할 때 사용하는 다양한 방법을 '방어기제defense mechanism'라고 불렀습니다. 프로이트가 말한 방어기제 중 가장 유명한 '동일시identification'에 관하여 간단히 살펴보겠습니다.

사람들은 어떻게 해서 극단주의자들이 될까요? 어떤 사람들은 자기가 속한 인종이나 종교가 가장 우월하며 다른 인종이나 종교는 열등하니 사라져야 한다고 믿습니다. 나치의 인종주의와 같은 인종차별주의자, 종교적 순교를 강요하는 이단적 종교분파가 그렇습니다. 자기가 지지하는 정당이나 정치인의 정책이나 사건에 대해서는 무조건 환호하고 자기가 지지하지 않는 정당이나 정치인에 대하여는 무조건 비난하는 현상에도 어느 정도 적용할 수 있습니다.

프로이트는 심리적인 지하세계에서 원초적인 욕구가 억압되면서 발생하는 불안과 분노를 해소하기 위하여 인간은 자기보다 강력하다고 느끼는 다른 무엇과 자신을 동일시하는 방법을 사용한다고 합니다. 이것을 '동일시'라고 부릅니다. 물론 동일시 그 자체가 문제인 것은 아닙니다. 동일시는 우리가 세상을 살아가며 무엇인가를 배우는 가장 기본적인 방법입니다. 우리는 어린 시절부터 마음이 불안할 때 어머니 또는 아버지와 자신을 동일시하여 그들을 모방하면서 마음의 안정을 얻고 사회에서의 행동 양식과 문화를 익힙니다. 어른이 되어서는 동일시의 발현으로 자신의 가족, 출신, 학교, 인종, 성별, 종교, 국적, 직업, 계층에 어느 정도의 소속감을 느끼게 됩니다.

그런데 동일시가 문제를 일으키는 때가 있습니다. 특히 심리적 지하세계에 흐르는 인정 욕구가 자신의 기대만큼 충족되지 않을 때입니다. 우리는 사랑받고자 하는 욕구, 즉 인정 욕구가 억압되는 과정에서 마음 깊은 곳에 불안과 분노를 채우고 있습니다. 자아가 자신에 대해 너무나 나약하여 어디에 기댈 곳이 없다는 자책감에 시달리고 있는 상황에서 자신보다 강력하다고 느끼는 집단, 예를 들어 인종, 성별, 정당 등 쉽게 두드러지는 공통점으로 자신과 심리적으로 동일시할 수 있는 집단을 발견할 수 있다면, 그러한 집단의 편에 서서, 그러한 집단과 대립하는 집단에 대해 차별과 공격을 하면서 자신의 나약함에서 오는 불안과 분노를 잊을 수도 있습니다.

마치 자신의 남편이 그렇지 않다는 것을 잘 알면서도 다른 여자와 부정을 저질렀다는 강박적 망상(의부증)을 겪고 있는 사람이 우연한 계기로 알게 된 사소한 정보로 덜 위협적인 다른 감정이나 행동, 즉 의부증이라는 강박증으로 타협한 것과 같습니다. 그들은 극단주의적인 망상에 문제가 있을 수 있다는 것을 자신도 잘 알면서도 심리적 지하세계에 흐르는 인정 욕구가 기대만큼 충족되지 않아서 발생하는 불안과 분노를 해소하기 위해 은밀히 자신이 속한 집단의 권력과 평판을 자아와 동일시하여 극단주의적 행동으로 타협하게 된 것입니다.

강박증, 우울증, 방어기제에 관한 정신분석학의 이러한 설명이 맞는 말일까요? 지금까지 프로이트의 해석이 맞는 말일까요? 학계에서는 부정적인 견해도 적지 않습니다. 저 역시 이러한 설명은 매우 제한적으로만 타당하다고 생각합니다. 하지만 정신분석학자들의 이야기는 때로 너무나 그럴듯하다는 것을 부인할 순 없습니다. 프로이트의 말처럼, 정신분석학이란 어떻게든 사람의 마음을 '이해 가능한' 것으로 해석하는 '해석의 예술'이고, 프로이트나 그 이후 정신분석학자들의 해석은 너무나도 그럴듯하여, 그들의 설명을 듣고 있는 그 순간에는 넋을 놓고 고개를 끄덕이게 됩니다.

04
생각

자, 이제 심리적 지하세계에서 나와 심리적 지상세계로 올라와 보겠습니다. 원초적 욕구가 용암처럼 흘러 다녀서 불안과 분노라는 텁텁한 연기가 자욱했던 지하세계에 있다가, 이렇게 밖으로 나와 보니 기분이 상쾌합니다. 바람도 시원하게 붑니다. 심호흡을 한번 해보세요.

인간은 생각한다

심리적 지상세계, 이곳은 어떤 곳일까요? 프로이트 이론으로 설명하자면 우리의 '자아^{ego}'가 주로 활동하는 곳입니다. 우리의 자아는 심리적 지하세계에서도 활동하지만, 심리적 지상세계에서도 활동합니다. 심리적 지상세계에서 자아는 '의식', '인지', '생각' 등의 이름으로 불립니다. 우리는 앞으로, 주로 '생각'이라는 말을 쓰겠습니다.

생각이란 무엇일까요? 생각이란 사건에 대해 나름대로 해석하고 의미를 부여하는 것이라 할 수 있습니다. 해석하고 의미를 부여하는 이 '생각'이란 것은 우리의 마음에서 어떤 역할을 할까요? 생각이 우리의 감정에 어떤 영향을 미치는지부터 먼저 살펴보겠습니다.

떨어진 아이스크림 사례: 생각은 감정에 영향을 미친다

공원에 한 아이가 있습니다. 아이는 작은 손에 아이스크림을 쥐고 있습니다. 이때 비둘기가 푸드덕하고 날아오릅니다. 아이는 소리 나는 곳으로 돌아보다가 그만, 아이스크림을 바닥에 떨어뜨렸습니다. 아이는 슬퍼졌고 울기 시작합니다.

아이는 왜 이렇게 울고 있을까요? 아이스크림을 떨어뜨렸던 사건이 자신에게 매우 슬프고, 매우 중요한 사건이라고 생각했기 때문입니다. 아이는 그 아이스크림을 자신이 가진 유일하다시피 한 기쁨으로 해석하고 그렇게 의미를 부여했던 겁니다.

아이스크림을 떨어뜨린 사람이 어른이었다면 어땠을까요? 어른은 아이스크림이 떨어졌다고 울지 않습니다. 조금 아쉬울 수도 있겠지만, 근처 가게에서 다시 사면 된다고 생각하거나, 그냥 다음에 먹겠다고 생각합니다. 어른은 떨어진 아이스크림에 대하여 아이와 달리 해석하고 아이와 달리 의미를 부여합니다. 어른은 아이스크림 이외에 인생에는 다양한 목표와 계획이 있고 다른 기쁨과 다른 고통도 있음을 잘 알고 있습니다. 어른에게 아이스크림이 떨어진 사건은 슬프지 않으며, 중요하지도 않습니다.

아이스크림이 떨어진 일은 객관적으로 똑같은 사건이지만, 이 사건에 대하여 아이의 해석과 생각은 어른의 해석과 생각과 한참 다릅니다. 아이는 평정심을 잃고 울음을 터뜨리며 슬픈 감정에 휩싸이지만, 어른은 아이스크림 떨어진 정도로는 아무렇지도 않습니다. 슬픈 감정을 느끼지 않습니다. 객관적으로 똑같은 사건이 일어났지만, 아이와 어른의 이러한 생각의 차이는 이렇게 우리의 마음에, 감정에 큰 영향을 미칩니다. 아이는 울고 싶은 감정을 느끼지만, 어른은 그렇지 않습니다.

프로이트의 정신분석학은 사람들이 느끼는 강박증이나 우울증의 문제를 해결하기 위하여 심리적 지하세계로 내려가 원초적인 욕구와 억제 과정을 연구했습니다. 그러나 오늘날 심리학자들의 연구는 점점 심리적 지상세계로 올라옵니다. 그들은 심리적 지상세계에서 의식, 인지, 즉 우리가 하는 '생각'에 대해서 연구합니다. '떨어진 아이스크림 사건'에서 본 것처럼 사람의 생각에 따라 사람의 감정이 이렇게도 달라지는데, 이렇게 중요한 요인인 '생각'을 심리학이 본격적으로 연구하지 않는다는 것은 매우 어리석은 일이라고 봅니다.

자, 지금부터 심리학자들이 심리적 지상세계에 대해, 그리고 심리적 지상세계에 있는 '생각', 의식, 인식에 대해 어떻게 연구하고 있는지 살펴보겠습니다. 심리치료의 관점에서 이것을 연구하는 학파가 바로 인지치료 이론입니다.

05
로미오와 줄리엣

이번에는 '떨어진 아이스크림 사건'보다 조금 심각한 사건을 살펴보 겠습니다. 생각이란 단순히 사람의 감정에만 영향을 미치는 것이 아 닙니다. 생각은 우리 인생의 거의 모든 행동에 전면적으로 영향을 미칩니다. 어떻게 생각하는지에 따라 우리의 모든 행동, 그래서 우 리의 운명이 달라집니다.

로미오와 줄리엣 사례: 생각은 행동에 영향을 미친다

로미오가 줄리엣을 끌어안고 울고 있습니다. 줄리엣은 죽은 것처럼 보이지만, 죽은 것처럼 보이는 약을 마시고 한동안 누워 있었을 뿐 이었습니다. 로미오는 줄리엣이 죽은 듯 누워 있는 것을 보자 '사랑 하는 줄리엣 없이는 이 세상을 살 가치가 없다'라고 생각합니다. 로미오는 이렇게 생각하고서 그 자리에서 독약을 마시고 자살합니다. 잠시 후 줄리엣이 눈을 뜨고 로미오가 죽은 것을 알게 되었습니다. 줄리엣도 로미오와 비슷한 생각을 합니다. 줄리엣도 '사랑하는 로미오가 없다면, 이 세상은 살 이유가 없다'라고 생각합니다. 줄리엣도 칼로 자신을 찔러 자살합니다.

로미오와 줄리엣이 자살하게 한 것은 무엇일까요? 로미오와 줄리엣의 서로에 대한 사랑이 그들을 자살하게 만든 것일까요? 아닙니다. 로미오와 줄리엣이 서로 사랑한 사실 그것만으로 자살한 것이 아닙니다. 상대방이 죽었다는 사실이 로미오와 줄리엣을 자살하게 만든 것일까요? 아닙니다. 그들은 자신이 사랑하는 사람이 죽었다는 사실만으로 자살한 것이 아닙니다.

로미오와 줄리엣을 자살하게 만든 것은 로미오와 줄리엣의 생각, 즉 '사랑하는 줄리엣 없이는, 사랑하는 로미오 없이는, 이 세상을 살 가치가 없다'라는 그들의 생각이었습니다. 로미오나 줄리엣은 그들이 서로 사랑했다는 사실이나 상대방이 죽었다는 사실 때문에 자살한 것이 아닙니다.

로미오와 줄리엣의 생각

자, 로미오와 줄리엣의 생각에 대해서 자세히 살펴보겠습니다. 저는 감히, 공원에서 아이스크림이 떨어진 사건과 로미오와 줄리엣이 자살한 사건은 크게 다르지 않다고 봅니다. 공원에서의 그 아이는 그 아이스크림을 자신이 가진 유일하다시피 한 기쁨이라고 생각했습니다. 그래서 슬픔을 못 이겨 울 수밖에 없었습니다. 로미오와 줄리엣은 상대방에 대한 감정을 자신이 가진 유일하다시피 한 기쁨으로 생각했습니다. 그래서 '사랑하는 줄리엣 없이는, 사랑하는 로미오 없이는, 이 세상을 살 가치가 없다'라고 생각하여 슬픔을 못 이겨 자살하게 되었던 것입니다.

하지만 아이가 손에 쥐었다가 떨어뜨린 아이스크림에 대하여 어른은 아이와 전혀 달리 해석하고 전혀 달리 의미를 부여하듯이, 로미오와 줄리엣은 자기 앞에 죽은 듯 누워 있는 줄리엣이나 죽어서 누워 있는 로미오에 대하여 달리 생각해 볼 수 있을 겁니다.

로미오나 줄리엣에게 물어보면 그들은 서로 사랑했다고 얘기할 것 같습니다. 하지만 저는 그들이 서로 사랑했다는 것부터 믿기지 않습니다. 그들이 서로에 대해 가졌던 감정은 사랑이라기보다는 그냥 끌리는 감정이 아니었을까요? 사람은 모든 일을 양극단으로만 판단하는 이분법적 사고를 하는 경향이 있습니다. 주변의 사람을 나를 좋아하는 사람 아니면 나를 싫어하는 사람 단 두 가지로만 나누거나, 의례적인 친절만 베풀어도 과도하게 친밀감을 보이고 무리하게 희생하기도 합니다(이것을 '이분법적 사고의 오류'라고 합니다). 로미오와 줄리엣은 그냥 끌리는 감정일 뿐인데 이러한 이분법적 사고에 의하여 자신들의 사랑을 지고지순한 사랑으로 부풀려 집착하게 된 것은 아닐까요? 로미오와 줄리엣은 모두 10대입니다. 인생에 대한 불안과 두려움이 많을 나이이고 집안의 반대가 격렬해서 어린 마음에 이에 대한 반발심이 생겼을 수도 있습니다. 이러한 마음에서 그냥 끌리는 감정이라도 지고지순한 사랑으로 부풀려 집착하게 되었던 것이 아닐까요?

로미오나 줄리엣이 말하는 것처럼 그들이 사랑했다고 보아도 마찬가지입니다. 인생에는 사랑 이외에도 사랑 못지않게 소중한 것이 많습니다. 그들은 사랑이라는 감정이 마치 인생의 가장 중요한 것이라 착각한 것이 아닐까요? 사람은 현재 눈앞의 무엇인가에 집중하고 있을 때 그것이 인생의 전부인 것처럼 착각하고 망상에 빠지는 경향이 있습니다(이것을 '집중 망상의 오류'라고 합니다). 사랑하지 않는 인생은 무가치한 인생인가요? 사랑 이외의 것이 인생을 살아가는 가치가 될 때가 적지 않습니다. 인생의 크고 작은 목표를 정하고 사랑 이외의 다양한 것을 소중히 여기며 살아가는 인생도 가치가 있는 인생입니다. 그들이 지금 손에 쥔, 사랑이라고 불리는 그것은, 공원에 있는 아이가 손에 꼭 쥐고 있는 아이스크림과 같은 것은 아닐까요?

지금은 그것을 자신의 인생에서 자기가 가지고 있는 유일하다시피 한 기쁨으로 잘못 생각할 수도 있지만, 충분히 더 살다 보면 사람의 인생은 그것 말고도 가치가 있는 것이 적지 않다는 것을 알게 되지 않을까요?

사람은 과학적 통계나 객관적 증거를 외면하고 감정적으로만 생각의 꼬리를 이어 나가는 경향이 있습니다. 통계적으로 비행기가 사고율이 훨씬 낮음에도 불구하고 비행기 사고의 걱정 때문에 자동차를 선택하겠다는 사람이 있습니다(이것을 '감정적 추론의 오류'라고 합니다). 연인관계는 시간이 지나면서 관계의 의미가 계속해서 변화합니다. 자신의 인생을 어떻게 정의하는지, 친구나 연인이 자신의 인생에서 가지는 의미가 변화하면서 연인관계도 다양한 변화를 맞이합니다. 그것이 맞지 않으면 연애하다가 헤어지는 것은 부지기수이고, 결혼 후에도 많은 사람이 이혼합니다. 과학적 통계나 객관적 증거에 의하면 연인관계는 다양한 사정을 맞이하며 끊임없이 변화하고 이러한 변화에 대해 각자의 인생에서 현명하게 수용하고 노력하며 정성을 다하지 않으면 영원하지 않습니다. 로미오와 줄리엣의 사랑은 연애하다가 헤어질 수도 있는, 결혼하였더라도 이혼할 수 있는 그런 사랑은 아니었을까요?

줄리엣이 자살을 하게 된 것은, 그들의 '사랑'이 아니라 사랑에 대한 그들의 해석과 의미, 즉 사랑에 대한 그들의 '생각' 때문입니다. 그리고 그들의 생각은 공원에서 손에 쥐었다가 떨어뜨린 아이스크림에 대한 아이의 생각처럼, 그와 다르게 생각할 수 있는 여지가 무한히 열려 있습니다.

06
소크라테스 질문법

심리치료의 여러 이론 중 이렇게 사람의 생각을 잘 살펴서 생각을 바로잡는 방법으로 마음의 병을 치료해야 한다는 이론이 바로 인지 치료입니다.

인지치료는 프로이트의 정신분석학과는 접근법이 매우 다릅니다. 프로이트의 정신분석학은 심리적 지하세계, 즉 무의식의 수준에서 의 원초적 욕구와 억압 과정 및 불안과 분노를 연구해야 한다고 하지만, 인지치료는 심리적 지상세계, 즉 의식과 인지의 수준에서 생각을 제대로 하여 삶에 불편을 끼치는 감정과 행동을 돌아보고 조정하면서, 마음의 병을 고치며 인생의 문제를 해결하여야 한다고 봅니다.

생각을 제대로 하기

그런데 생각을 제대로 한다는 것은 생각을 어떻게 한다는 뜻일까요? 인지치료의 대표적인 방법을 하나 소개하겠습니다. 인지치료는 우리가 생각을 할 때 일반적으로 저지르기 쉬운 몇 가지 전형적인 생각의 오류 유형을 밝혀 두고 이러한 오류에 빠진 것은 아닌지 자문하고 점검해 보라고 합니다. 인지치료는 이러한 전형적인 생각의 오류를 '인지적 오류'라고 부릅니다. 이 방법은 마치 지혜로운 자인 소크라테스가 스스로 하는 질문과 같다고 하여 '소크라테스 질문법 Socratic elenchus'이라고도 부릅니다. 인지적 오류 몇 가지를 설명해 보겠습니다.

이분법적 사고의 오류

이분법적 사고 dichotomous thinking라는 인지적 오류가 있습니다. 모든 일을 양극단으로만 판단하는 인지적 오류입니다.

주변의 사람을 나를 좋아하는 사람 아니면 나를 싫어하는 사람, 단 두 가지로만 나누는 사람이 있습니다. 의례적 친절만 베풀어도 과도하게 친밀감을 보이고 무리하게 희생하지만, 가벼운 거절만 당하여도 분노하고 자신의 가치를 부정합니다. 그러나 소크라테스처럼 냉

철하게 생각해야 합니다. 세상에는 '좋아한다'와 '싫어한다', 두 가지만 있는 것이 아닙니다. 아니, 사람들은 오로지 실리적인 이유로 친절하기도, 거절하기도 합니다. 친절하다고 하여 나를 좋아하는 것도 아니고, 거절한다고 하여 나를 싫어하는 것도 아닙니다.

집중 망상의 오류

집중 망상focus illusion이라는 인지적 오류입니다. 현재 무엇인가에 집중하고 있을 때 그것이 인생에 미치는 영향이나 행복이 과도하게 크다고 착각하는 것입니다. 터널 시야tunnel vision의 오류라고도 부릅니다. 눈앞의 시야가 작고 동그란 터널처럼 좁혀져 눈앞에 보이는 것만이 인생의 가장 중요한 문제로 착각하는 것입니다.

우리는 어떤 문제가 눈앞에 닥치면 또는 그것을 생각하고 있을 때, 자기도 모르게 지금 생각하고 있는 그 문제를 내 인생의 가장 중요한 문제로 착각할 때가 많습니다. 그 문제만 해결하면 내 인생의 모든 것이 해결된다고 오해하기도 합니다. 그러나 그렇지 않습니다. 거의 모든 문제는 자신의 인생에서 하나의 요인이거나 하나의 사건일 뿐입니다. 손에 쥐었다가 떨어진 아이스크림만 보고도 울고 싶기도 하고, 남자친구 로미오나 여자친구 줄리엣은 서로 연애하는 과정 중에 일어난 사건에 대하여 별의별 생각과 기분이 들 수 있습니다. 하지만 눈앞에 닥친 문제에 대하여 그것에만 매몰되지 말고, 그것이 자신의 인생 전체에서 어떤 의미가 있는지를 생각해야 합니다. 자신의 인생에서 경험할 다양한 목표와 계획, 감정을 함께 생각해야 합니다.

감정적 추론의 오류

'감정적 추론emotional reasoning'이라는 인지적 오류도 있습니다. 과학이나 객관적인 증거를 믿지 않고 감정에만 의존하여 판단하는 것을 말합니다.

통계적으로 비행기가 사고율이 훨씬 낮음에도 불구하고 비행기 사고의 걱정 때문에 자동차를 선택하겠다는 사람이 있습니다. 감정도 일상생활에서 반드시 고려해야 할 중요한 요소임을 부정할 수는 없지만, 어떠한 종류의 판단은 과학이나 객관적인 증거에 따라서 내려야 할 경우가 있습니다. 그러한 경우에도 오로지 감정이 부추기는 방향에 따라서 선택하는 것은 인지적 오류입니다. 과학이나 객관적인 증거의 가치를 자신의 인생에 도움이 되도록 사용해야 합니다. 마음속에 감정의 눈보라가 휘몰아칠 때는, 지혜로운 소크라테스의 손을 잡고 걸어야 합니다.

인지치료는 강박증과 우울증 같은 마음의 병을 겪는 사람들이 대체로 위에서 말하고 있는 인지적 오류를 범하고 있다고 봅니다.

"치료자가 우울증 환자가 어떤 방식으로 자신의 경험을 일관되게 왜곡하고 있는지 인식하게 하면 환자의 자기 비난과 비관주의를 감소시킬 수 있다."[★]

자동적 사고

인지치료에서는 인지적 오류가 우리가 생각할 때 생각의 다양한 단계와 수준에서 개입한다고 봅니다. 특히 우리가 일상의 경험을 할 때 그 순간 자기도 모르게 스치듯 자동적으로 어떤 짐작이나 추측을 한다고 합니다.

예를 들면 어떤 사람과 대화를 하자마자 '저 사람은 나를 싫어할 거야', '내 말을 듣는 것을 시간 낭비라고 생각할 거야' 등의 순간적인 짐작이나 추측이 개입한다고 봅니다. 인지치료에서는 이러한 순간적인 짐작이나 추측을 자동적 사고automatic thought라고 부르는데 인지치료는 자동적 사고의 단계에서부터 이러한 짐작이나 추측을 확인

[★] Aaron T. Beck, 〈Cognitive Therapy and the Emotional Disorders〉, Plume(1979), Chapter 5의 마지막 문단, "By helping the patient to recognize how he consistently distorts his experiences, the therapist may help to alleviate his self-criticalness and pessimism."

하여 밝혀내고 이를 체계적으로 교정해야 한다고 봅니다. 인지치료
는 정신분석학과 달리 심리적 지하세계로 내려가 억압된 원초적 욕
구 및 불안과 분노를 찾으려 하지 않고, 그와 반대로 생각의 첫 순간
까지 올라와 거기서부터 사람들이 어떻게 생각하고 있는지 주의를
기울입니다.

인지행동치료

현대 인지치료는 행동치료 기법을 함께 적용합니다. 즉 광장이나
거리에 나가기를 두려워하는 사람에게 매일 조금씩 광장이나 거리
로 가까이 가도록 하면서 문제가 되는 자극을 체계적으로 둔감하게
느끼도록 하는 훈련(체계적 둔감화), 이와 정반대로 갑자기 광장이
나 거리의 한가운데로 데려가 전면적으로 문제가 되는 자극에 홍수
를 만나듯 노출하는 훈련(홍수법) 등이 행동치료 기법입니다. 문제
상황을 효과적으로 처리하는 다른 사람을 보고 그를 본보기로 삼아
서 그 기술을 연습하는 훈련(모델링) 역시 훌륭한 행동치료 기법입
니다. 인지치료가 이러한 행동치료 기법을 함께 적용하는 경우 이를
인지행동치료Cognitive Behavior Therapy: CBT라고 부르는데, 오늘날 심리치
료 분야에서는 인지행동치료가 약물치료와 함께 가장 널리 채택되
어 적용되고 있고, 특히 우울증 치료에 있어서는 인지행동치료가 임
상적으로 가장 뛰어난 효과를 보이는 것으로 알려져 있습니다.

07
변화의 조건

사람들은 '좋은 삶'을 살고 싶어 합니다. 신체적으로 건강하고, 경제적으로 풍요롭고, 정신적으로 여유롭게 살고 싶어 합니다. 세상을 변화시켜 이러한 삶이 찾아오게 할 수도 있겠지만, 훨씬 현실적인 방법은 자신을 변화시키는 것입니다. 정신분석학과 인지치료의 지혜를 빌려 자신을 변화시키는 방법에 대해 잠시 생각해 보겠습니다.

의식의 세계: 변화의 출발점

우리는 심리적 지하세계와 심리적 지상세계, 이렇게 두 개의 세계 속에서 살고 있습니다. 자기 자신을 변화시킨다는 것은 두 세계 모두에서 변화가 생긴다는 뜻입니다. 그런데 심리적 지하세계를 변화시키는 것은 매우 어렵습니다. 무의식의 세계이므로 입구를 찾기도 어렵고, 이곳을 변화시킬 효과적인 수단도 없습니다. 원초적인 욕구가 억압 과정에서 많은 문제를 일으킨다는 프로이트의 말이 사실일 수도 있겠지만, 인간인 이상 원초적인 욕구를 근본적으로 없애 버릴 수 있는 것이 아닙니다. 무의식의 세계는 말 그대로 인간이 의식하지 못하는 곳일 텐데, 그곳에서 어떤 일이 벌어지고 있는지 확실히 알 수 있는 것도 아닙니다.

심리적 지상세계는 어떨까요? 그렇습니다. 여기서는 무엇인가 시작해 볼 만합니다. 이곳은 우리의 의식, 즉 '생각'이 있는 바로 그곳이므로 따로 입구를 찾을 필요가 없습니다. 우선 심리적 지상세계에서 생각을 변화시켜야 합니다. 우리는 비교적 효과적인 수단도 가지고 있습니다. 소크라테스 질문법으로 우리의 생각에 존재하는 전형적인 생각의 오류, 즉 '인지적 오류'를 찾아 끊임없이 자신의 생각을 교정해 나가면서 '생각'을 제대로 하도록 해야 합니다. 자기의 생각에 인지적 오류는 없는지 가차 없이 질문해야 합니다. 소크라테스와 같이 주변의 현명한 자와의 대화가 필요할 수도 있습니다.

그런데 잠깐, 의식의 세계에서 '생각'만 제대로 하면 하루아침에 나를 변화시킬 수 있을까요? 변화가 그렇게 쉬울까요? 아닙니다.

무의식 세계: 변화의 어려움

프로이트는 인간은 '반복 강박repetition compulsion'이란 것을 가지고 있어서 변화가 쉽지 않다고 합니다. 반복 강박이란 자신에게 불쾌한, 불리한 경험일지라도 그것을 반복하려고 하는 강박적 경향을 말합니다. 마음에 있는 '관성의 법칙' 같은 것입니다. '불쾌한, 불리한 경험'이 심리적 지하세계(무의식)에 깊이 새겨져 이제 '익숙한 것'이 되었다면 이제 마음속 관성의 법칙이 작용한다고 합니다. 그것이 자신에게 불쾌하고 불리한 경험이라고 할지라도, 그래도 익숙한 그 경험으로 다시 돌아갑니다. 예를 들어 오래 만나 온 나쁜 친구들과는 그들과 만나서 좋을 것이 없다는 것을 잘 알면서도 그 관계가 익숙하고 편안하여서 당장 절연하기가 쉽지 않습니다. 오래된 나쁜 습관도 마찬가지입니다.

인지치료 이론도 프로이트의 반복 강박과 비슷한 주장을 합니다. 인간은 '심리 도식schema'이라는 것이 있어서 변화가 쉽지 않다는 것입니다. 심리 도식이란 어린 시절부터의 양육 경험이나 마음의 상처(트라우마trauma)로 인하여 생기는 것으로 자신, 타인, 세상을 이해하는 '생각의 패턴'이라고 할 수 있습니다. 어린 시절 학대를 받은 사람을 떠올려 봅시다. 이 사람은 다른 사람들이 모두 자신을 이용만 할 것 같고 결국 자신을 배신할 것이라는 '불신'의 심리 도식이라는 생각의 패턴에 사로잡힐 수 있습니다. 또는 좀처럼 칭찬을 받지 못하고 최고의 성적을 받아야만 비로소 부모에게서 칭찬을 받아 온 사람이라면, '완벽주의'의 심리 도식이라는 생각의 패턴에 빠져 자신에 대한 기대 수준이 너무 높을 수 있습니다. 그럴 경우 오히려 매사 능장을 부리게 되거나 조금이라도 새로운 일에 쉽사리 도전하지 못하는 삶을 살 수도 있습니다.

변화의 조건: 좋은 규칙, 좋은 루틴

그러나 변화는 불가능하지 않습니다. 우리는 심리적 지하세계와 심리적 지상세계, 이렇게 두 개의 세계 속에서 살고 있으며, 두 세계 모두를 변화시켜야 하기는 합니다. 무의식의 세계는 반복 강박과 심리 도식으로 변화를 쉽게 받아들이지 못합니다. 그렇다면 의식의 세계에서 시작된 변화가 무의식의 세계에 가라앉아 스며들게 하여야 합니다.

강박증, 우울증 등을 치료하기 위한 인지행동치료의 여러 기법을 참고해 보면, 우리가 의식의 세계에서 인지적 오류를 통해 점검하고 마련한 '좋은 생각'을 그저 좋은 생각으로만 두지 말고, 그것을 자신의 마음속 삶에 '좋은 규칙rule'과 '좋은 루틴routine'으로까지 전환하는 것이 매우 중요합니다.

인지치료 이론의 대가 아론 백^{Aron Beck}의 말처럼 우리는 각자가 마음 속에 '규정집^{rule book}' 같은 것을 가지고 있습니다. 이 규정집에 있는 자신만의 각종 규칙을 사용하여 자기 삶의 상황을 이해하고 타인의 행동을 평가하고 자신의 행동을 결정합니다.

그래서 우리는 좋은 생각을 하게 될 때마다 그 생각을 이 규정집에 반영하여 기존의 규칙을 없애고 새로운 규칙을 만들어 대체해야 합니다. 이분법적 사고나 집중 망상의 오류에 빠져 완벽하지 않을 바에는 아무것도 하지 않는 것이 낫다는 생각을 하는 완벽주의 강박을 가진 사람들은 자신의 삶을 개선하기 위하여 자신의 규정집에 몇 가지 새로운 규칙을 정할 수 있습니다. 예를 들어 업무를 맡을 때는 극도로 선별적 태도로 가능한 한 적은 개수의 업무를 수행하는 규칙, 업무를 대할 때는 첫 번째 할 일로서 아무리 작은 일이라도 무조건 일을 잘게 쪼개기로 하는 규칙, 업무에 배정된 시간을 예컨대 특정 요일로 한정하든지 하여 해당 일자에만 하도록 하는 규칙 등을 만들어 두는 것입니다.

그리고 규정집 안의 이러한 새로운 규칙은 정례적인 의례인 루틴으로 만들어야 합니다. 그래야 자주 반복할 수 있고 자주 반복하면서 좋은 생각이 심리적 지하세계에도 스며들기 때문입니다. 기존의 나쁜 반복 강박을 좋은 반복 강박으로 대체하는 것이고, 기존의 나쁜 심리 도식을 좋은 심리 도식으로 대체하는 것입니다. 이분법적 사고

나 집중 망상의 오류에 빠져 자신은 무가치하고 무능하므로 아무것도 할 수 없다는 생각을 하는 우울증의 증세가 있는 사람들은 자신만의 루틴을 만들어 보는 것이 좋습니다. 예를 들어 토요일 오후 2시에는 두 시간 동안 혼자서 시내를 산책하기로 하는 것입니다. 산책 코스에 종합병원이 있다면 벤치에 앉아서 환자들을 보면서, 대형 서점이 있다면 책을 고르는 사람들을 구경하며 자신을 격려할 수 있는 여러 가지 생각을 해볼 수 있습니다.

자책감을 극복하기

새로운 규칙과 새로운 루틴을 단번에 소화해 내는 사람은 거의 없을 겁니다. 몇 번씩 실패하는 것은 자연스러운 일입니다. 아마도 당신은 실패하자마자 당신의 마음속 깊은 곳에 있는 초자아super-ego, 즉 자책감이 당신의 자아ego를 불러세워서 비난하고 처벌할 것입니다. 당신의 자아ego는 자책감 앞에서 무력감을 느끼며, 프로이트가 말한 것처럼 '인생이 쉽지 않군'이라며 탄식할 것입니다. 하지만 몇 번씩 실패하더라도 내가 정한 새로운 규칙과 새로운 루틴은 그대로 남겨 두어야 합니다. 잠시 자책감이 들어도 다시 하고, 때로는 그 기회에 조금 수정할 수도 있습니다.

프로이트는 초자아super-ego를 설명하면서, 우리는 지나치게 비도덕적이지만 초자아로 인하여 동시에 '지나치게 도덕적'인 존재라고 말한 적이 있습니다. 초자아super-ego가 자아ego를 비난하고 처벌할 때 당신은 이에 동조하지 말고 자아ego의 편에 서야 합니다. 자아를 격려해야 합니다. 자아에게 다시 새로운 규칙과 새로운 루틴을 실행할 기회를 주어야 합니다.

자아의 확대

자아가 우리의 무의식의 세계를 점령하도록 해야 합니다. 좋은 생각이 좋은 규칙과 좋은 루틴으로 반복되어 심리적 지하세계에 스며들게 하여야 합니다. 자아가 불안과 분노 자욱한 심리적 지하세계에 침전하여 그곳을 개척하고 개발하도록 해야 합니다. 프로이트도, 자아ego가 무의식의 세계인 이드id의 자리를 차지하도록 해야 한다고 하였습니다. 이것은 마치 문화 사업 또는 간척 사업 같은 것이라고 합니다. 프로이트도 변화는 가능하다고 봅니다.

> "이드id가 있던 그 자리를 자아ego가 차지하도록 해야 한다. 그것은 문화 사업이며, 해안의 간척 사업과 비슷한 것이다."★

★ Sigmund Freud, 〈New Introductory Lectures on Psycho-Analysis〉, Norton & Company(1965), Lecture 31의 마지막 문단, "Where id was, there ego shall be. It is a work of culture-not unlike the draining of the Zuider Zee."

마키아벨리즘

"무장한 예언자는 모두 성공하였고,
무장하지 않은 예언자는 모두 실패하였다."

- 마키아벨리 -

01
친절

누군가 제게 친절히 대합니다. 그 사람은 왜 제게 친절할까요? 그가 원래 친절한 사람이어서 그런 것일까요? 아니면 내게 호감이 있어서 그런 것일까요? 사상가 마키아벨리는 제게 정색하며 이렇게 말할 겁니다. '그 사람이 당신에게 친절한 이유는 친절하게 행동함으로써 그가 얻을 수 있는 이익이 있기 때문입니다. 그가 얻으려는 이익이 무엇인지 잘 생각해 보시오.'라고 말입니다.

마키아벨리, 한 번쯤은 들어 보았을 겁니다. 마키아벨리는 지금으로부터 약 500년 전인 1513년경 책 〈군주론〉을 썼습니다. 마키아벨리는 이 책을 통해 군주가 국가를 어떻게 통치하여야 하는지에 대해 조언합니다. 그런데 마키아벨리의 조언은 매우 독특합니다. 그는 마치 인간의 본성을 어떤 자연의 법칙처럼 설명할 수 있다고 합니다. 그래서 군주라면 국가를 통치할 때 그러한 법칙을 잘 이용해야 한다고 말합니다.

자연의 법칙 중에 중력의 법칙이 있습니다. 높은 곳에서 물건을 잡고 있다가 놓으면 아래로 떨어집니다. 높은 곳에서 물건을 놓으면 아래로 떨어진다는 중력의 법칙이 윤리적인가요? 아니면 논리적인가요? 이 법칙에 대해 우리가 다수결로 동의한 적이 있는가요? 중력의 법칙은 윤리적인 것도 아니고, 논리적인 것도 아니고, 우리의 동의를 얻을 필요도 없습니다. 중력의 법칙은 자연의 본성에 따라 그대로 관철되는 법칙입니다.

인간의 본성에도 중력의 법칙과 같은 것이 있을까요? 그 법칙이 윤리적인지, 논리적인지, 누구의 동의를 얻었는지와 상관없이 관철되는 이른바 '인간의 법칙' 같은 것이 있을까요? 마키아벨리는 바로 그것을 찾으려고 했습니다. 마키아벨리는 인간의 법칙에 따라 통치하는 군주야말로 국가를 제대로 통치할 수 있다고 주장했습니다.

마키아벨리는 인간 행동과 사회 현상을 설명할 때, 윤리나 종교에서 가져온 고상하고 애매한 관념을 동원하여 묘사하는 과거의 방식과는 결별하였습니다. 그는 인간과 사회를 마치 자연의 일부처럼 이해하여 인간의 본성상 쉽게 벗어날 수 없는 객관적 법칙을 찾으려고 노력하였습니다. 마키아벨리가 인간 행동과 사회 현상을 인간의 법칙, 즉 인간 스스로 어쩔 수 없는 객관적 법칙으로 설명하려고 했던 방식은 근대 사회과학의 시대를 여는 혁명적인 연구 방법입니다. 오늘날의 사회과학인 심리학, 정치학, 경제학은 모두 마키아벨리의 이러한 방법을 따르고 있습니다.

마키아벨리는 연구 방법만이 아니라 주장 내용으로도 오늘날 사회과학, 특히 정치학에 지대한 영향을 미쳤습니다. 그는 인간 행동과 사회 현상에 대해 매우 독특한 설명을 하였습니다. 그의 사상은 정치사상 분야에서 가장 중요한 이론 중의 하나가 되었으며, 국제정치 분야에서는 저명한 정치학자들 예컨대 카아Carr, 모겐소Morgenthau, 월츠Waltz 등을 거치며 체계적인 이론으로 발전되어 '현실주의Realism' 학파로 굳건히 정립되었습니다. 현실주의 학파는 현대 국제정치 분야의 주류를 차지하고 있습니다.

마키아벨리가 했던 조언은 군주에게만 필요한 것이 아닙니다. 우리 모두에게 필요합니다. 왜냐하면, 우리 역시 각자 삶의 군주이기 때문입니다. 그리고 우리도 인간인 이상 어쩔 수 없는 인간의 법칙이 적용되며, 그러한 인간의 법칙이 적용되는 사람들과 함께 이 세상에서 살아가기 때문입니다. 우리는 자신의 삶을 현명하게 통치하기 위해 마키아벨리의 조언에 귀를 기울일 필요가 있습니다.

이제부터 마키아벨리의 사상을 알아보겠습니다. 그가 발견한 '인간의 법칙'이 무엇인지 음미해 보고, 우리의 삶에 어떻게 적용할 수 있는지 살펴보겠습니다.

02
선하지 않게 행동하는 법

살면서 간혹 다른 사람에게 이용당하고 피해를 볼 때가 있습니다. 씁쓸한 마음이 듭니다. 이럴 때는 인간의 본성이 본래 악한 것이 아닐지 생각하게 되기도 합니다. 인간의 본성은 '악'한 것일까요? '선'한 것일까요?

인간의 본성은 악한가, 선한가?

마키아벨리의 입장은 분명합니다. 그는 인간의 본성이 악하다고 단정합니다. 인간을 자유롭게 내버려 둔다면 마음껏 악한 본성을 드러낼 것이라 말합니다. 인간이 악한 본성을 잠시 드러내지 않을 때란, 단지 그것을 드러내지 않아야 할 이유가 따로 숨겨져 있을 때뿐이라고 합니다.

"인간의 악한 본성이 잠시 보이지 않을 때가 있다. 하지만 그것도 어떤 이유가 숨겨져 있으며 아직 겪지 못해서 숨겨져 있다고 생각될 뿐이다. 시간이 지나면 진실은 밝혀지기 마련인데 그 숨겨진 이유도 곧 드러나게 된다."★

인간의 행동은 악할 수 있다

저는 인간의 본성은 악한 것도, 선한 것도 아니라고 생각합니다. 다만, 인간은 '상황'에 따라서 언제든지 악한 '행동'을 할 수 있다고 생각합니다. 뉴스로 자주 보도되는 극악한 범죄만 보아도 그렇습니다. 누군가는 아마도 인간의 선한 행동을 예로 들면서 인간의 본성은 선하다고 반론할 수도 있을 겁니다. 그러나 인간의 본성이 때로는 선할 수 있다 하더라도, 상황에 따라 극악한 범죄의 행동을 저지를 정도로 때로는 악해질 수 있다면, 인간의 본성이 선하다는 것이 그리 큰 의미가 없을 겁니다. 마키아벨리의 말처럼 인간의 악한 본성에 의한 것이든, 누군가의 생각처럼 인간의 선한 본성이 있다고 하더라도, 인간은 상황에 따라서 때때로 악한 행동을 할 수 있다는

★ Machiavelli, 〈Discourses on Livy〉, The University of Chicago Press(1996), Chapeter 3의 1번째 문장(p.65), "When any malignity remains hidden for a time, this proceeds from a hidden cause, which is not recognized because no contrary experience has been seen. But time, which they say is the father of every truth, exposes it later."

것에는 대부분 동의하리라 봅니다.

선하지 않게 행동하는 법을 배워야 하는 이유

마키아벨리는 인간의 악한 본성 또는 악한 행동에 대해 한탄하면서 가만히 있어서는 안 된다고 합니다. 군주라면, 그것에 철저히 대비해야 한다고 합니다. 그들이 악한 본성의 발현으로 악한 행동을 하는 것이든 또는 상황에 따라 어쩔 수 없이 악한 행동을 하는 것이든, 그들의 행동은 언제든지 군주를 몰락시킬 수 있습니다. 그래서 군주는 인간의 악한 본성과 악한 행동에 대비하고 맞서기 위하여 평소에 '선하지 않게 행동하는 법^{not to be good}'을 배워 두어야 한다고 조언합니다.

> "언제나 선하게만 행동하겠다고 마음먹은 사람은 반드시 몰락하게 된다. 선하지 않은 사람들이 많기 때문이다. 군주라면, 그가 지위를 유지하려면, 선하지 않게 행동하는 법을 배워 두고, 필요한 경우마다 선하게 또는 선하지 않게 행동하여야 한다."★

★ Machiavelli, 〈THE PRINCE〉, The University of Chicago Press(1998), Chapter 15의 1번째 문단(p.93), "For a man who wants to make a profession of good in all regards must come to ruin among so many who are not good. Hence it is necessary to a prince, if he wants to maintain himself, to learn to be able not to be good, and to use this and not use it according to necessity."

선하게 행동함으로써 악한 사람들을 상대할 수는 없을까요? 불가능합니다. 악한 사람들은 주변 사람들의 노력, 시간, 성과를 빼앗으려는 사람들입니다. 그들은 수단과 방법을 가리지 않습니다. 선한 수단과 방법은 악한 수단과 방법에 비교하면 너무나 미력하여 그것으로는 그들의 공격을 버티어낼 수 없습니다. 오히려 당신의 선함을 약점으로 이용하려고 할 겁니다.

마키아벨리의 말처럼 우리가 선하게만 행동하겠다고 마음먹는다면, 악한 사람들로 둘러싸여 있을 때 반드시 몰락할 수밖에 없습니다. 선하게만 행동하는 것은 소용이 없습니다. 마키아벨리의 조언처럼 세상에 선하지 않은 사람들이 우리의 노력, 시간, 성과를 뺏으려고 다가올 때, 이에 대적하여 필요한 경우 선하지 않게 행동함으로써 그러한 것을 막아내야 합니다. 우리 삶을 보호해야 합니다.

그래서 저도 이제 오늘부터 조금 더 선하지 않은 사람이 되기로 했습니다. 저의 이러한 결단으로 인하여 세상은 아마 어제보다 선하지 않은 사람들이 더 많아졌을 겁니다. 세상에 선하지 않은 사람들이 많은 이유는, 본래 선하지 않은 사람들이 많았기도 했지만, 오늘의 저처럼 이제부터 선하지 않은 사람이 되겠다고 결단하는 사람들이 매일매일 생기기 때문이기도 합니다. 오래전부터 사람들은 조금씩 선하지 않기로 결단했을 것이고, 세월이 흘러오면서 세상은 선하지 않은 사람들이 점점 늘어났을 겁니다. 그렇다면 이렇게 변해

온 세상을 두고, 인간의 본성은 선하지 않다고 했던 마키아벨리의 말이 차라리 더욱 옳았던 것이 아닐까요? 어쨌든 세상은 위험한 곳입니다.

03
중요의 법칙

마키아벨리는 '군주는 약속을 지키지 않을 수 있어야 한다.'라고 말합니다. 무슨 뜻일까요?

"신중한 군주는 신의를 지키는 것이 오히려 자신에게 해롭거나 약속을 지켜야 할 이유가 사라졌다면 약속을 지킬 수도 없고, 지켜서도 안 된다."★

마키아벨리의 책을 잘못 읽은 사람은 이 말을 오해합니다. 마키아벨리의 이 말을 듣고, 군주는 기분이 내키지 않으면 약속을 지키지 않아도 된다고 생각하거나 약속을 지키지 않는 정도의 막무가내 모습

★ Machiavelli, 〈THE PRINCE〉, The University of Chicago Press(1998), Chapter 18의 3번째 문단 (p.103), "A prudent lord, therefore, cannot observe faith nor should he, when such observance turns against him, and the causes that made him promise have been eliminated."

을 보여야 군주의 반열에 오를 수 있다고 착각하는 사람들이 많습니다. 그러나 잘못 이해한 것입니다. 아무렇게나 약속을 저버리는 '무도한' 태도로는 일찌감치 공동체에서 쫓겨날 위험에 처하게 될 겁니다. 이렇게 이해하는 것은 마키아벨리를 오해하는 것입니다.

무엇이 가장 중요한가

마키아벨리가 '군주는 약속을 지키지 않을 수 있어야 한다.'라고 말하였던 것은, 군주라면 어떤 행동이나 선택을 앞두고 '무엇이 가장 중요한가'를 항상 되새겨 보아야 한다는 뜻입니다. 무엇이 가장 중요한 것인지 항상 살펴보고, 눈앞의 약속을 지키는 것으로 인해 오히려 가장 중요한 것이 실현되는 데에 방해가 된다면 눈앞의 약속은 지키지 않아야 한다는 뜻입니다.

예를 들어 보겠습니다. 외국의 두 나라가 전쟁을 벌입니다. 한 국가가 우리에게 참전할 것을 요청하고 있습니다. 우리는 그 국가와 동맹조약을 체결한 적이 있습니다. 동맹조약에 따르면 한쪽 당사자가 전쟁을 벌이고 있으면 다른 당사자는 상대방을 도와 참전해야 합니다. 우리는 이 전쟁에 참여해야 할까요?

이때 군주는 무엇이 가장 중요한지 생각하고 선택해야 합니다. 국가에게 그리고 군주에게 있어서 무엇이 가장 중요할까요? 바로 '국가의 생존'입니다. 전쟁에 참여한 결과로 국가의 생존이 위험에 빠지게 된다면, 우리는 그 전쟁에 참여하여서는 안 됩니다. 단순히 동맹조약을 체결한 국가와 약속을 지키겠다는 생각으로 섣불리 전쟁에 참여하였다가 훨씬 중요한 것, 우리 국가의 생존을 잃어버리게 될지도 모릅니다. 동맹국으로부터 약속을 어겼다는 비난을 받고 신의를 잃을 수 있겠지만, 그렇게 함으로써 국가의 생존을 유지할 수 있다면 군주는 찬사를 받을 것입니다.

한편, 동맹조약을 이행하는 것이 우리 국가의 생존을 유지하는 데 도움이 될 경우도 있습니다. 동맹조약을 체결한 국가와 힘을 합쳐 미리 봉쇄하지 않으면 그 전쟁이 장차 우리 국가의 생존까지 위협하게 되는 경우에는 전쟁에 참여해야 합니다. 그러나 이때 우리가 전쟁에 참여하는 이유는 동맹국의 신의를 지키거나 동맹조약의 약속을 지키기 위한 것이 아닙니다. 우리가 전쟁에 참여하는 이유는 오로지 우리 국가의 생존을 유지하기 위한 것입니다. 군주라면 '무엇이 가장 중요한가'를 언제나 잊지 말아야 합니다.

내 삶의 군주가 되는 법

우리 각자는 자기 삶의 군주입니다. 우리도 국가의 군주처럼 무엇이 중요한가를 항상 생각해야 합니다. 당신의 삶에서 가장 중요한 것은 무엇인가요? 신의와 약속을 지키지 않아서 누군가로부터 신망을 잃을지라도, 당신이 당신의 인생에서 반드시 지키거나 이루고 싶은, 가장 중요한 것은 무엇인가요?

어떤 시험에 합격하겠다는 것을 한동안 당신의 삶에서 가장 중요한 목표로 삼았다고 생각해 보겠습니다. 이제 당신은 당신이 처하는 수많은 상황에서 무엇인가 선택하여야 할 때마다, 그것이 시험에 합격하겠다는 당신의 목표에 어떠한 영향을 미치는지 끊임없이 판단해야 합니다. 군주는 가장 중요한 것이 무엇인지 잊지 말아야 하기 때문입니다. 친구와 여행을 다니면서 추억을 만드는 일 등은 포기해야 할 수도 있습니다. 때때로 시험에 합격하겠다는 목표를 실현하는 과정에서, 신의를 잃거나 약속을 어길 수도 있습니다. 가장 중요하다고 정한 책임이나 목표를 실현하기 위해서는 어쩔 수 없는 것입니다. 마키아벨리의 말처럼, 그런 경우 군주는 약속을 지키지 않을 수 있어야 합니다.

우리 인생에는 수많은 선택의 상황이 있습니다. 만약 당신에게 아직 중요한 책임이나 목표가 없다면, 당신의 인생에서 가장 중요한 것이 무엇인지를 결정하지 않았다면, 아마도 당신은 선택의 순간마다 주저하고 방황하는 모습을 보일 겁니다. 그러나 당신이 당신에게 가장 중요한 것이 무엇인지 결정하였고, 그 책임과 목표를 이루기로 마음을 먹었다면, 앞으로 닥치는 수많은 선택의 상황에서 언제나 단호하게 결정할 수 있을 겁니다. 이것이 바로 군주의 삶입니다.

04
결과의 법칙

친절하지만 수술 실력이 부족한 의사와 불친절해도 수술 실력이 훌륭한 의사 중 당신은 누구에게 수술을 맡기겠습니까? 친절하지만 소송에서 승소율이 낮은 변호사와 친절하진 않아도 승소율이 높은 변호사 중 당신은 누구에게 소송을 맡기겠습니까? 당신은 당연히 실력이 훌륭한 의사, 승소율이 높은 변호사를 선택할 것입니다.

결과는 우리의 삶에서 중요하다

사람들은 결과에 관심을 가집니다. 사람들이 결과에 관심을 가지는 이유는 무엇일까요? 우리의 삶에서 어떤 일의 '결과'는 매우 중요하기 때문입니다. 친절보다 수술의 결과, 친절보다 소송의 결과가 우리의 삶에서 훨씬 중요하다는 것을 우리는 잘 알기 때문입니다. 마키아벨리도 사람들은 모든 밖으로 보이는 것, 그리고 최종적인 결과로 판단한다고 합니다.

> "일반인들은 밖으로 보이는 것과 일의 결과로 판단한다. 그리고 세상 사람들은 대부분 이런 일반인들이다."[★]

물론 모든 일의 결과가 똑같이 중요하진 않습니다. 내 인생에서 가장 중요한 것의 결과가 중요합니다. 내 인생에서 가장 중요한 것에 어떤 영향을 미치는지가 중요합니다. 당신이 선거에 출마했다고 생각해 보겠습니다. 당신의 참모는 우리가 상대방에 대한 유언비어를 퍼뜨리거나 불법적인 방법을 사용하면 이길 수 있다고 합니다. 당신은 어떻게 하겠습니까? 당선되는 결과가 중요한 것이니 그렇게 하자고 할 건가요?

그전에 당신은 당신의 인생에서 가장 중요한 것이 무엇인지를 결정해 두어야 합니다. 그것에 미치는 결과가 어떨 것인지 생각하고 판단하면 됩니다. 이번 선거에 당선되는 것이 인생에서 가장 중요한 경우와, 이번 선거가 아니라 다음 선거에 당선되는 것이 더욱 중요한 경우, 정치인으로서 장차 어떠한 평판을 쌓아 갈 것인지가 더욱

★ Machiavelli, 〈THE PRINCE〉, The University of Chicago Press(1998), Chapter 18의 마지막 문단(p.104), "The vulgar are taken in by the appearance and the outcome of a thing, and in the world there is no one but the vulgar."

제3장
마키아벨리즘

중요한 경우 각각에 따라 선택이 달라질 것입니다.

결과가 우리의 삶에서 이렇게 중요하므로, 어떠한 행위를 할지 선택할 때 각각의 선택이 초래할 결과를 미리 비교해 보는 습관을 들이는 것이 좋습니다. 마키아벨리의 사상을 계승하고 있는 현실주의 학파는 언제나 행위의 결과에 관심을 가져야 하고, 자신의 행위가 초래할 여러 결과를 미리 신중하게 비교해 보는 것이야말로 정치적 의미에서 최고의 미덕이라고도 합니다.

> "현실주의 학파는 정치적인 행위의 여러 가지 결과를 비교해 보는 것을 신중함이라 부르고, 이러한 신중함을 정치적 의미에 있어서 최고의 미덕으로 여긴다."★

인생을 살다 보면 당시에 불행한 것처럼 보이는 일이 생기는 경우가 있습니다. 애인과 이별하였거나, 시험에 불합격하였거나, 건강이 좋지 않아졌거나, 사업이 어렵게 되는 등의 좋지 않은 일이 일어나기도 합니다. 이때 마키아벨리즘의 결과의 법칙을 적용해 보세요. 자신의 행위가 초래할 여러 결과를 미리 신중하게 비교해 볼 필요가 있습니다. 우울감에 젖어 지낸다고 해서, 골방에 앉아서 불행을 비

★ Hans J. Morgenthau, 〈Politics Among Nations〉, McGraw-Hill(1985), Chapter 1, 4의 2번째 문단, "Realism considers prudence—the weighing of the consequences of alternative political actions—to be the supreme virtue in politics."

관한다고 해서, 헤어진 애인이 돌아오지도 않고, 떨어졌던 시험에 다시 붙여 주지도 않고, 건강이 좋아지지도 않습니다. 그런다고 어려워진 사업이 좋아지지도 않습니다. 이때가 바로 내 인생에서 가장 중요한 것이 무엇인지 다시 한번 곰곰이 생각해 볼 때입니다. 그리고 내 인생에서 가장 중요한 것의 결과를 위하여 내가 하게 될 행위들의 결과를 신중하게 비교해 보아야 합니다.

인생에서 장차 맞이하는 수많은 결과

결과만을 중요하게 고려하는 것은 그다지 정의롭지 않다고 느낄 수도 있습니다. 예를 들어 나보다 철저히 준비하지 않고, 그다지 노력하지도 않은 사람이 단순히 운이 좋아서 원하는 결과를 얻었고 그래서 그가 과분한 혜택을 누리고 있는 것처럼 보일 때가 있습니다.

그러나 그가 누리는 혜택이 그가 인생에서 맞이하는 최종의 결과가 아닙니다. 우리는 인생에서 계속해서 수많은 결과를 맞이하게 됩니다. 만약 어떤 사람이 어느 시점에 그에 걸맞은 준비나 노력 없이 과분한 혜택을 얻게 되었다면 그 사람에게는 머지않아, 자신의 과분한 혜택을 감당하지 못해 차라리 얻지 않았던 것보다 못한 결과가 올지도 모릅니다. 이러한 결과 역시 인생에서 우리가 관심을 가져야 할 결과에 속합니다.

인생에서 단 한 번의 결과라는 것은 없습니다. 장차 맞이하는 다른 결과가 또 있습니다. 우리의 준비와 노력 중 이번의 결과에서 반영되지 않은 것은 다음의 결과에서 반영되고 드러날 것입니다. 그래서 당시에 행운의 결과처럼 보였지만 나중에 보니 그 결과는 불행의 원인이 되기도 하고, 당시에 불행의 결과처럼 보였지만 나중에 보니 그 결과는 행운의 원인이 되기도 하는 것입니다. 인생에서는 장차 계속해서 맞이해야 하는 수많은 결과가 남아 있습니다. 따라서 우리는 매번의 결과를 위해 철저히 준비하고 노력하며 결과에 정성을 다해야 합니다.

군주라면, 자신의 삶에서 무엇이 가장 중요한지를 항상 잊지 말아야 합니다. 수많은 결과 중 '가장 중요한 것'의 결과가 다른 결과보다 더 중요합니다. 이번의 실패가 자신에게 '가장 중요한 것'의 최종적 결과가 아니라면 그것은 실패가 아닙니다. 그것은 실패failure가 아니라 가장 중요한 결과를 위한 하나의 피드백feedback입니다. 이러한 과정을 통해 부족한 부분을 보완하며 자신에게 가장 중요한 것의 최종적인 결과를 향해 다시 나아가면 됩니다. 인생에서 단 한 번의 기회라는 것은 없습니다. 수많은 기회에서 실패와 성공을 반복하면서, 내 인생에서 가장 중요한 것의 결과를 향해 조금씩 나아가는 것입니다.

그리고 실패라는 피드백을 통해 과연 내 인생에서 무엇이 가장 중요한 것인지 다시 생각해 볼 필요도 있습니다. 지금까지 내 인생에서 가장 중요한 것인 줄 알았는데, 피드백을 거쳐 보니 그렇지 않은 것이었다고 생각하게 되는 경우도 많습니다. 이러한 깨달음을 위해서라도, 우리의 삶에서 '결과'는 여러모로 중요합니다.

05
이익의 법칙

오늘 저녁에도 이곳저곳에서 많은 사람이 만나 식사를 하며 유쾌한 시간을 보낼 겁니다. 친구를 만나 그동안의 사소한 경험을 나누거나, 업무에 도움이 될 만한 사람들이 만나 친분을 쌓기도 할 겁니다. 약속 장소로 출발하기 전에 잠깐 생각해 보세요. 만나기로 한 사람과 앞으로 얼마나 더 가까워질까요? 얼마나 오래 관계가 유지될까요? 함께하였던 식사가 훌륭할수록 더 가까워지거나 더 오래 만나게 될까요?

저녁 모임의 이유

마키아벨리의 사상을 계승하는 현실주의 학파는 투키디데스 Thucydides가 했던 '이익의 일치야말로 국가들이나 개인들을 묶는 가장

확실한 끈이다.'라는 말을 인간과 세상을 이해하는 중요한 원리로
이해합니다.

> "투키디데스가 고대 그리스의 경험에서 '이익의 일치는 국가들이나
> 개인들을 묶는 가장 확실한 끈이다'라고 한 말은 솔즈베리가 19세기
> 에 와서 '국가들의 연대를 지속하게 하는 유일한 끈은 이익의 충돌이
> 존재하지 않는 것이다'라고 한 말로 계속 이어지고 있다."[★]

좋은 차, 훌륭한 식사를 함께한 사이라도, 아무리 즐거운 대화를 나
눈 사이라도, 서로 이익의 일치가 없으면 그들의 관계는 바로 거기
까지입니다. 그러나 서로 이익의 일치가 있다면, 즉 당신이 그에게
무엇인가 이익을 줄 수 있고 그도 당신에게 그만큼의 이익을 줄 수
있다면, 이제는 좋은 차, 훌륭한 식사, 즐거운 대화가 아니어도 서로
깊은 친분을 쌓을 수 있습니다. 약속 장소로 출발하기 전에 내가 그
에게 줄 수 있는 이익은 무엇이고, 내가 그에게 받을 수 있는 이익이
무엇인지, 다시 한번 생각해 볼 필요가 있습니다.

★ Hans J. Morgenthau, 〈Politics Among Nations〉, McGraw-Hill(1985), Chapter 1, 3의 1번째
문단, "Thucydides' statement, born of the experiences of ancient Greece, that 'identity of
interests is the surest of bonds whether between states or individuals' was taken up in the
nineteenth century by Lord Salisbury's remark that 'the only bond of union that endures'
among nations is 'the absence of all clashing interests.'"

사람들은 이익을 추구한다

누군가 당신에게 친절히 대합니다. 그 사람이 당신에게 친절한 이유는 친절하게 행동함으로써 그가 얻을 수 있는 이익이 있기 때문입니다. 그가 얻으려는 이익이 무엇인지 잘 생각해 보아야 합니다. 당신도 그에게 친절히 대합니다. 당신도 이익을 추구하는 사람이고 당신도 그에게서 얻으려는 이익이 있습니다. 그가 당신에게서 얻으려는 이익이 무엇인지, 당신이 그에게 얻으려는 이익이 무엇인지 항상 생각하고 있어야 합니다. 사람들은 모두 이익을 추구합니다. 사람들은 모두 이익을 추구한다고 생각하고 사람들의 행동을 관찰하면 그 행동을 분명하게 이해할 수 있습니다.

그런데 인간관계를 '이익'이라는 개념으로 설명하는 것을 불편하게 여기는 사람이 있습니다. 친구나 사랑과 같은 인간관계는 이익이 개재될 문제가 아니라고 주장하기도 합니다. 그러나 그들은 여전히 이익을 추구합니다. 다만 이러한 관계에서는 그 이익의 개념이 조금 복잡하고 미묘할 뿐입니다.

'친구'라고 부르지만, 그들은 내게 이익을 줍니다. 친구마다 내게 주는 이익이 조금씩 다릅니다. 어떤 친구는 단지 시간이 남을 때 외로움을 달래기 위한 친구입니다. 외로움을 느낄 새 없이 바빠지거나 외로움을 달랠 더 좋은 것이 생기면 점점 멀어집니다. 학생이라면 학업이나 취업의 정보를 교환할 수 있는 친구, 성인이라면 투자나 사업의 기회를 교환할 수 있는 친구가 필요합니다. 그들도 그러한 정보나 기회를 주고받을 이유가 없어지면 자연히 멀어지게 됩니다. 한 번씩 만나서 그의 인생 경험과 삶의 태도를 가만히 듣고 있으면 배울 것도 많고 나 자신을 돌아보게 하는 친구도 있습니다. 이런 친구도 나에게 그러한 이익을 주기 때문에 내가 가끔 연락하게 되는 것입니다.

'사랑'은 어떨까요? 친구처럼 애인도 마찬가지입니다. 외로움을 달래기 위한 사랑도 있고 성적 욕구를 채우기 위한 사랑도 있습니다. 여러 면에서 생활에 도움이 될 것 같아서 연애하는 사람도 있고, 결혼하고 자녀를 갖는 안정된 생활 그 자체가 필요하다고 생각해서 사랑하는 사람도 있습니다. 삶을 대하는 방식이 비슷해서 여러 경험을 함께 나누고 싶은 사이도 있습니다. 그것을 사랑의 중요한 요소라고 생각하는 사람도 있습니다. 사랑을 통해 얻고자 하는 이익에 따라 상대방이 가진 재산, 직업이 더 중요할 수도 있고 외모, 학력이 더 중요할 수도 있습니다. 사랑에 관해서도 자신이 원하는 이익에 따라 상대방의 성품, 지혜, 태도에 대해 복잡하고 미묘한, 적절한 가중치가 부여될 것입니다.

어떤 이익이 옳고, 어떤 이익이 그른 것은 아닙니다. 이익의 의미가 복잡하고 미묘하고 다채로울 뿐입니다. 사람들은 각자마다, 각자 처한 상황마다 나름대로 자신의 이익을 추구합니다. 정약용이라는 학자는 〈목민심서〉에서 "공직자에게 청렴은 천하의 큰 장사"라고 했습니다. 공직자에게 청렴은 인뜻 희생으로 보이지만 그는 청렴이라는 평판으로 얻을 수 있는 여러 가지 이익을 추구하는 것입니다. 윤리적인 행위도 비윤리적 행위만큼 나름의 이익이 있고, 희생적 행위도 이기적 행위만큼 나름의 이익이 있습니다. 마키아벨리의 '이익의 법칙'은 어디에서나 관철됩니다.

06
능력의 법칙

많은 사람이 마키아벨리의 사상에 대해서 오해합니다. 마키아벨리를 군주에게 권모술수만 가르치는 사람으로 생각하기도 합니다. 그렇지 않습니다. 마키아벨리는 〈군주론〉 전체에 걸쳐서 군주의 '능력'을 군주의 지위를 유지하고 국가를 보존함에 가장 결정적인 요소로 보았습니다.

무장한 예언자가 되라

마키아벨리는 군주에게 '무장한 예언자'가 되어야 한다고 말했습니다. 마키아벨리의 이 유명한 말은 지도자가 자신의 계획을 성취하려면 이에 걸맞은 능력으로 무장해야 한다는 뜻입니다. 지도자가 계획만 있고 능력이 없으면 반드시 실패하고 만다는 것입니다.

"무장한 예언자는 모두 성공하였고, 무장하지 않은 예언자는 모두 실패하였다."★

마키아벨리는 '타인의 호의'나 '시대의 행운'에 의해 군주의 자리에 오르는 것을 매우 우려합니다. 이렇게 해서 자리에 오르게 된 군주는 그 지위를 유지하기 어렵다고 합니다. 시련은 반드시 찾아오기 마련이고, 그 모든 시련을 타인의 호의로 극복할 수 없기 때문입니다. 한때 그를 도왔던 시대의 행운도 그의 곁에 영원히 머물러 있지 않습니다.

우리도 우리의 삶에서 '무장한 예언자'가 되어야 합니다. 우리의 삶에서 이루고 싶은 계획이 있다면, 이에 걸맞은 능력을 갖추기 위하여 끊임없이 훈련하고 수양해야 합니다. 자신의 능력을 갖추지 않은 상태에서 중요한 역할을 맡게 되었다면 이는 그 사람만이 아니라 모두에게 고통입니다.

아이러니한 점은, 군주나 당신이 '무장한 예언자'가 된다면, 그때는 오히려 타인의 호의가 쇄도하게 된다는 것입니다. 그들은 능력 있는 군주의 곁에서 그와 함께 생존하고 번영하기를 원하기 때문입니다. 군주나 당신이 '무장한 예언자'가 된다면 오히려 시대의 역경이 행운

★ Machiavelli, 〈THE PRINCE〉, The University of Chicago Press(1998), Chapter 6의 4번째 문단 (p.55), "All the armed prophets conquered and the unarmed ones were ruined."

의 기회가 될 수 있습니다. 무장한 예언자에게는 시련이 곧 자신의 능력을 발휘할 기회이기 때문입니다.

안락한 생활의 포기

군주가 무장한 예언자가 되기 위하여 어떻게 해야 할까요? 마키아벨리의 시대에서는 전쟁에서 승리할 수 있는 무력이 군주의 능력과 국가의 국력에 가장 중요한 요소였습니다. 무력을 제대로 갖추지 못한 군주를 신하들이 따를 리가 없으며, 무력이 약한 국가가 다른 국가들 사이에서 안전할 리가 없으니까요. 그래서 마키아벨리는 군주는 안락한 생활을 멀리하고 언제나 무력을 갖추기 위해 전쟁을 준비하고 연구하며 훈련하는 것에 전념해야 한다고 했습니다.

> "군주가 안락에 빠져서 무력을 멀리하면 권력을 잃게 된다. 권력을 잃게 되는 가장 분명한 원인은 무력의 준비를 소홀히 하였기 때문이고, 권력을 얻게 되는 가장 분명한 원인은 무력의 기술을 갖추었기 때문이다."★

★ Machiavelli, 〈THE PRINCE〉, The University of Chicago Press(1998), Chapter 14의 1번째 문단 (p.90), "One sees that when princes have thought more of amenities than of arms, they have lost their states. And the first cause that makes you lose it is neglect of this art; and the cause that enables you to acquire it is to be a professional in this art."

당신은 당신의 삶에서 무장한 예언자가 되고 싶은가요? 우리의 시대에서는 무엇이 가장 중요한 능력인가요? 당신이 전념해야 할 능력은 무엇인가요? 그리고, 당신은 무장한 예언자가 되기 위해 안락한 생활을 포기할 준비가 되어 있나요?

07
운명과 자유

얼마간의 세월을 살아 본 사람이라면 누구나 인생에는 자신이 어떻게 할 수 없는 일이 있다는 것을 알게 됩니다. 우리는 그것에 '운명'이라고 이름 붙입니다. 당신은 운명을 믿나요? 운명이 당신의 인생을 얼마나 좌우한다고 생각하나요?

인생의 반은 우리에게 맡겨져 있다

마키아벨리의 말을 먼저 들어 보겠습니다. 그는 〈군주론〉에서 우리는 운명에서 벗어날 수 없으며, 운명은 우리 인생에서 행동의 '반(1/2)'을 관여하고, 나머지 반은 우리의 자유와 선택에 맡겨져 있다고 합니다.

"우리에게 자유라는 것이 남아 있으므로, 운명이란 우리 행동의 반만 관여하고 나머지 반 정도는 우리에게 맡겨져 있다고 믿는다."★

마키아벨리는 운명을 '거센 강물'에 비유했습니다. 운명은 거센 강물처럼 홍수가 되어 우리 삶의 터전으로 밀려오기 때문에 우리가 이것을 제지하기가 쉽지 않고 여기에 휩쓸려 간다고 합니다. 하지만 한편으로, 평온한 시기에 거센 강물이 홍수가 되어 삶에 침범할 것을 대비하여 우리는 강 옆에 둑과 제방을 잘 쌓아 둘 수도 있다고 합니다. 강 옆에 둑과 제방을 쌓아 두면 운명이라는 거센 강물을 막을 수 있다는 것입니다. 마키아벨리가 인생의 반 정도는 우리의 자유와 선택에게 맡겨져 있다고 한 말은 이런 뜻입니다.

"운명은 이와 같다. 자신을 대항하기 위해 역량을 다하여 철저히 준비하지 않은 곳에서 위력을 과시한다. 자신을 막기 위하여 강둑과 제방으로 대비하지 않는 곳을 찾아다니며 제멋대로 휩쓸어 버린다."★★

★ Machiavelli, <THE PRINCE>, The University of Chicago Press(1998), Chapter 25의 1번째 문단(p.132), "Nonetheless, so that our free will not be eliminated, I judge that it might be true that fortune is arbiter of half of our actions, but also that she leaves the other half, or close to it, for us to govern."

★★ Machiavelli, <THE PRINCE>, The University of Chicago Press(1998), First Book, Chapter 25의 1번째 문단(p.133), "It happens similarly with the fortune, which demonstrates her power where virtue has not been put in other to resist her and therefore turns her impetus where she knows that dams and dikes have not been made to contain her."

그런데 한편, 마키아벨리는 〈로마사〉에서는 이렇게 얘기합니다. 우리 인생의 반에 관여하는 바로 그 운명에 대해 우리는 정작 운명이 어떻게 흘러갈지, 어떻게 비스듬하게 굽이쳐서 알 수 없는 방법으로 나아갈지 모르기 때문에, 운명 앞에서 고생스러울 때라도 포기해서는 안 된다고 합니다.

> "우리는 포기해서는 안 된다. 우리는 결국 운명이 어디로 흘러갈지, 어떻게 비스듬하게 굽이쳐서 알 수 없는 방법으로 나아갈지 진정 모르며, 어떤 운명 앞에서라도, 아무리 고생스러운 처지에 있더라도, 항상 희망을 가지고서, 절대로 포기해서는 안 된다."★

인생의 전부가 우리에게 맡겨져 있다

그런데 우리가 어쨌든 자신의 운명을 알지 못하게 될 것이라면, 운명이 우리 인생의 반 정도 관여한다는 것도 과연 의미가 있을까요? 나의 운명이 나의 인생에 대해 어떤 의도나 계획이 있는지도 모르고, 나의 운명이 어디로 어떻게 흘러가게 될 것인지 아무도 모릅니

★ Machiavelli, 〈Discourses on Livy〉, The University of Chicago Press(1996), Second Book, Chapeter 29의 마지막 문단(p.291), "They should indeed never give up for, since they do not know its end and it proceeds by oblique and unknown ways, they have always to hope and, since they hope, not to give up in whatever fortune and in whatever travail they may find themselves."

다. 운명이 우리 인생에 어떻게 관여하고 있는지 모르는데, 우리가 운명의 '눈치'를 볼 필요가 있을까요?

더욱이 우리는 내 인생에 대해 그저 가만히 있지만은 않습니다. 끊임없이 우리의 인생에 대하여 자유롭게 선택합니다. 운명의 계획과 나의 선택이 섞여 있습니다. 어떤 것이 운명의 결과인지 선택의 결과인지 불분명하기도 합니다. 운명이 우리 인생의 반 정도에 관여한다는 말도 과연 믿을 수 있을까요?

저는, 운명이 우리 인생의 반 정도에 관여한다는 마키아벨리의 말보다 훨씬 더 많이 용기를 낼 수 있다고 생각합니다. 차라리 우리는 '운명이란 없다'라고 믿어도 실제로는 아무런 차이가 없다고 생각합니다. 운명이 내 인생에 얼마나 관여하였는지, 어떻게 관여하였는지 우리는 영원히 알 수가 없기 때문입니다. 그렇다면 실제로는 우리 인생의 전부는 오로지 우리에게 맡겨져 있는 것과 다름이 없습니다.

우리는 자신의 인생에 대해서 근본적으로 자유롭게 선택하고 살면 됩니다. 운명이든 무엇이든 어느 것에도 눈치 보지 말고, 다만 나의 지혜를 다하여 신중하게 결정하고, 이에 대해 책임지며, 자유롭게 살아가면 됩니다. 인생의 전부가 우리에게 맡겨져 있습니다.

죄수의 딜레마

"동등한 보복이 최고의 전략이 된 이유는 그것이 신사적이고,
보복적이고, 관용적이고, 분명하기 때문이다."

- 액셀로드 -

01
왼뺨

누가 갑자기 나의 왼뺨을 때렸다고 생각해 봅시다. 어떻게 하겠습니까? 예수님의 가르침에 따라 오른뺨도 때리라고 해야 할까요? 아니면 나도 즉시 반격하여 그의 왼뺨을 때려야 할까요? 실제로는 갑자기 일어난 일에 당황하여 가만히 있을지도 모릅니다.

살다 보면 비슷한 일이 한 번씩 일어납니다. 식당에 갔는데 직원이 매우 불친절하면 이런 기분이 들 수 있습니다. 친한 친구가 나에 대해 험담을 할 때도 그렇고, 회사 동료가 내게 매우 비협조적인 태도를 보일 때도 그렇습니다. 동업으로 사업하는 관계에서 다른 동업자가 자기 이익만 챙기는 경우도 그렇습니다. 갑자기 뺨을 한 대 맞은 것 같은 기분이 듭니다.

이런 일이 생기면 어떻게 해야 할까요? 나도 그대로 갚아 줄까요?

아니면 보복하는 것도 수고스러운 일인데 한두 번은 그냥 넘어갈까요? 물론 그가 왜 나의 뺨을 때렸는지 그 이유를 물어볼 필요가 있습니다. 그러나 그 이유가 무엇이든지, 이러한 상황에서 일반적으로 내가 어떻게 행동해야 할지에 대한 나의 원칙 같은 것을 먼저 세워둘 필요가 있습니다. 이유를 물어볼 상황이 아닐 때도 많고, 이유가 있더라도 정당하지 않을 때도 많고, 정당하더라도 그에게 정당할 뿐 곧 나에게도 정당하다고 할 수 없기 때문입니다.

'죄수의 딜레마Prisoners' Dilemma'라는 이론이 있습니다. 이 이론은 우리가 이런 일을 당할 때, 보복해야 할지 용서해야 할지에 대해 적절한 조언을 해 줍니다. 결론을 먼저 말하겠습니다. 죄수의 딜레마 이론은, 나의 뺨을 때린 사람이 '장차 나와 관계를 계속 맺을 사람인지 아닌지'를 먼저 생각해 보라고 합니다. 장차 나와 관계를 계속 맺을 사람이라면 나는 맞은 것과 똑같은 강도로 그의 뺨을 때려 보복해야 하고, 장차 나와 관계를 계속 맺을 사이가 아니라면 그의 뺨을 때려서 보복할 생각을 하지 말고 용서하고 넘어가라고 합니다.

여기서 헷갈리면 안 됩니다. 장차 나와 관계를 계속 맺을 사람이라면 보복하라고 했나요, 용서하라고 했나요? 보복하라고 했습니다. 내가 당한 것과 똑같은 정도의 세기로 말입니다. 언뜻 보면, 죄수의 딜레마 이론의 이러한 결론은 우리의 상식과 반대입니다. 장차 나와 관계를 계속 맺을 사람이라면, 가까운 사이이거나 이해할 수 있는 사이이므로 서로의 잘못은 용서해야 하는 것 아닐까요? 죄수의 딜레마 이론은, 아니라고 합니다.

1940년대에 수학자 폰 노이만Von Neumann은 '게임 이론'이라는 것을 만들어 냈습니다. 그리고 다른 수학자는 위 게임 이론 중 하나의 모형을 '죄수의 딜레마'라는 재미있는 사례로 만들어 설명했습니다. 그 이후 게임 이론 중 이 죄수의 딜레마 이론은 수학 이외에 심리학, 정치학, 경제학을 넘나들며 인간 사회의 여러 현상을 매우 설득력 있게 설명해 내었습니다. 이 이론은 생물학에도 인용되어, 생물학자 도킨스Dawkins는 1970년대 책 〈이기적 유전자The Selfish Gene〉에서 죄수의 딜레마 이론을 통해 진화론을 설명하기도 했습니다. 마침내 정치학자 액셀로드Axelrod가 1980년대에 〈협력의 진화The Evolution of Cooperation〉를 출간하면서 죄수의 딜레마 이론을 다양한 사례에 적용해 보이자, 죄수의 딜레마 이론은 현대 사회과학에서 핵심적이며 대중적인 이론으로 확고하게 자리를 잡게 되었습니다.

그럼 이제부터 죄수의 딜레마 이론을 알아보겠습니다. 지금까지 살아오면서 누군가로부터 갑자기 뺨을 맞았던 것과 같은 상황을 한번 생각해 보세요. 그때 당신은 보복하였나요, 아니면 용서하였나요? 앞으로도 누군가가 갑자기 당신의 뺨을 때리는 것과 같은 상황이 발생할 겁니다. 그때 당신은 보복할 것인가요, 아니면 용서할 것인가요? 이 글을 읽으며 마음속에서 결정해 보세요.

02
죄수의 딜레마

공범으로 저질러진 강도 사건이 발생했습니다. 사건 현장에서 조금 떨어진 곳에서 총을 들고 있는 두 사람이 범인으로 체포되었습니다. 이들은 강도'죄'를 지었다는 혐의를 받고 현재 감옥에 '수'감이 되었으므로 '죄수'라고 부릅니다. 이 두 죄수는 곧 경찰의 조사를 받으면서 '딜레마'의 상황에 빠지게 됩니다. 그들의 딜레마 상황을 지켜보시기 바랍니다.

죄수의 딜레마 상황

경찰은 두 사람이 강도를 저질렀다는 사실은 알지만, 강도죄에 관한 마땅한 증거를 가지고 있지 않습니다. 그래서 경찰은 곰곰이 생각하다가 두 사람을 각각 독방에서 따로 조사하기로 하고 다음과 같이 제안합니다. ①만약 두 사람이 모두 범행을 자백하면, 강도죄 본래의 형인 10년 형으로 처벌받게 할 것이고, ②만약 두 사람 중 한 사람만 자백하고 다른 사람은 부인한다면, 자백한 사람에 대해서는 수사에 협조하였고 장차 증언도 해야 하므로 강도를 단순히 방조하였을 뿐이라 판단하고 즉시 석방하겠지만, 부인한 사람에 대해서는 수사를 방해하였고 죄질이 나쁜 강도의 주범이라고 판단하여 강도죄 본래의 형에 두 배 가중하여 20년 형으로 무겁게 처벌받도록 하겠다고 말입니다.

그런데 이러한 제안에도, ③만약 둘 다 범행을 부인한다면 어떻게 될까요? 경찰은 강도죄에 관한 마땅한 증거를 가지고 있지 않다고 했습니다. 두 사람은 모두 단지 불법무기인 총을 소지한 죄로만 각각 1년 형의 처벌만 받게 될 겁니다.

죄수의 딜레마 이론을 연구하는 학자들은 이러한 사례를 놓고 다음의 두 가지의 흥미로운 질문을 합니다.

첫 번째 질문: 당신은 자백할 것인가, 부인할 것인가?

첫 번째 질문은 이것입니다. 당신이 죄수 중 한 사람이라면 어떤 선택을 하겠습니까? 자백하겠습니까, 아니면 부인하겠습니까? 잠시 어둠의 세계로 들어와 진지하게 생각해 보세요.

당신은, 범행을 부인하면 어떻게 될지 생각해 볼 겁니다. 만약 다른 공범도 끝까지 부인해 준다면 경찰은 증거가 없으니 당신과 공범은 불법무기를 소지한 죄로 각각 1년 형의 처벌만 받게 됩니다. ③의 경우가 되는 것입니다. 강도죄의 10년 형의 처벌에 비하면 비교적 나쁘지 않습니다. 그런데 이때 당신은 걱정거리가 하나 있습니다. 만약 다른 공범이 자백이라도 한다면? 당신이 부인하였는데, 다른 공범이 당신을 배신하고 자백이라도 한다면, 당신만 20년의 무거운 형으로 처벌받게 됩니다. 매우 큰 걱정거리입니다.

당신은, 범행을 자백하면 어떻게 될지 생각해 볼 겁니다. 당신이 범행을 자백할 때 다른 공범도 자백하면, 두 사람 모두 자백하였으므로 각각 10년 형으로 처벌받을 것입니다. 또는 당신이 범행을 자백할 때 다른 공범이 부인하면, 당신은 수사에 협조한 이유로 석방되고 당신의 증언으로 다른 공범만 강도죄의 주범으로 20년 형의 처벌을 받게 됩니다. 자백한 당신은 10년 형으로 처벌받거나, 또는 운이 좋으면 석방될 수도 있습니다. 범행을 부인할 때의 큰 걱정거리(20년 형의 처벌을 받을 위험)는 이제 사라지게 됩니다. 차라리 자백하는 것이 좋아 보입니다. 그런데 가만히 생각해 보면 다른 공범도 당신처럼 이렇게 생각할 것이 뻔합니다. 그도 자백하는 것이 좋다고 생각할 겁니다. 그렇다면 당신은 더더욱 자백하지 않을 수 없습니다. 다른 공범이 자백할 것이 분명한데 당신만 부인하다가는 혼자 20년 형으로 처벌받는 일이 생기기 때문입니다. 당신이 자기의 이익에 따라 합리적으로 행동하는 사람이라면 결국 범행을 자백하는 선택을 하게 될 겁니다.

자, 그렇다면 경찰 조사는 어떻게 끝날까요? 두 사람이 각자 자기의 이익에 따라 합리적으로 행동하면, 두 죄수는 모두 범행을 자백하는 선택을 하게 될 것입니다. 이렇게 되면 ①의 경우, 즉 두 사람 모두 강도죄 본래의 형인 10년 형으로 각각 처벌받게 되는 것으로 종결될 겁니다.

이렇게 10년의 형의 처벌을 받게 될 바에야 차라리 처음부터 각각 부인하기로 합의하였다면 좋았겠다고 생각하겠지만, 두 죄수는 각각 독방에서 따로 조사받았기 때문에 상의할 수도 없었습니다. 설령 서로 눈치를 주고받아서 둘 다 부인하기로 약속하였더라도, 만약 한 사람이 돌연 배신하고 자백을 선택해 버린다면 그는 석방될 것이고, 약속을 지키며 부인한 사람은 20년 형을 받게 됩니다. 서로 부인하기로 약속한들 서로 믿지 못할 겁니다. 결국, 그들은 각각 자백하게 될 것이고, 그래서 모두 강도죄 본래의 형인 10년 형으로 각각 처벌받게 될 겁니다.

이것이 죄수의 딜레마 이론에 관한 첫 번째 질문의 결론입니다. 즉,

사람들 모두 각자 자기의 이익에 따라 합리적으로 행동하도록 하면, 사람들은 서로 협력하지 못하고, 결국 그들 모두에게 유리한 결과를 낳는 선택(부인, 부인, 불법무기 소지죄로만 각가 1년 형의 처벌)을 하기가 쉽지 않다는 것입니다.

두 번째 질문: 당신과 공범은 어떠한 경우 협력할 수 있을까?

죄수의 딜레마 이론을 연구하는 학자들이 제기하는 두 번째 질문을 해 보겠습니다. 두 사람이 과연 서로 배신하지 않고 협력하여 그들 모두에게 유리한 결과를 낳는 선택(부인, 부인, 불법무기 소지죄로만 각각 1년 형의 처벌)을 할 수 있을까요? 사람들이 그러한 협력을 하게 하는 특별한 상황이나 조건이 있을까요?

죄를 지은 범인들이 가볍게 처벌받는 방법을 연구한다니, 주저하는 마음이 드는 사람이 있을지 모르겠습니다. 그러나 죄수의 딜레마를 연구하는 학자들은 죄를 짓고도 가볍게 처벌받는 방법을 알고자 함이 아닙니다. 그들이 알고자 하는 것은 자기의 이익에 따라 합리적으로 행동하는 사람들 사이에서 배신하지 않고 '협력'하게 하는 특별한 조건이 무엇인지였습니다. 그래서 그러한 특별한 조건을 알아낼 수 있다면 그것을 적용하여 사람들 사이를 좀 더 협력적 관계로 만들어 볼 수 있다고 생각했습니다. 이것이 바로 죄수의 딜레마 이론의 두 번째 질문의 목적입니다.

학자들은 결국 알아냈습니다. 사람들 사이에 몇 가지 조건이 충족되면 사람들은 더욱 협력하는 경향이 있다고 합니다. 그 조건을 하나씩 살펴보겠습니다. 죄수의 딜레마 이론의 두 번째 질문의 결론, 즉 '협력의 조건'은 사회과학 이론으로서 죄수의 딜레마 이론의 가장 핵심적인 성과이며, 우리가 죄수의 딜레마 이론을 공부할 때 반드시 알아야 할 내용입니다.

03
미래의 그림자

죄수의 딜레마 이론에 의하면 사람들은 미래에도 서로 관계를 계속 맺을 사이라고 믿으면 현재에서 협력하는 경향이 있다고 합니다. 이것이 협력의 조건, 첫 번째입니다.

미래의 그림자란 무엇인가?

죄수의 딜레마 상황으로 돌아가 보겠습니다. 만약 강도를 저지른 두 사람이 형제 사이라면, 또는 규율이 엄격하며 탈퇴하기도 쉽지 않은 범죄조직의 일원들이라면 어떻게 선택했을까요?

두 사람은 모두 부인했을 수 있습니다. 왜냐하면, 강도죄를 자백한다는 것은 다른 공범이 강도죄를 저질렀다고 증언하는 것을 의미하는데, 그들이 형제라거나 범죄조직의 일원들이어서 미래 언제든 다시 만날 수 있는 관계라면, 지금의 이러한 배신에 대해서 언젠가 보복을 당할 수 있기 때문입니다. 그래서 진정 자기의 이익을 생각하는 사람이라면, 미래에도 서로 관계를 계속 맺을 사이의 상황이므로 현재 눈앞의 작은 이익만 추구하여 배신(자백)을 선택하기가 쉽지 않습니다.

학자들은 이처럼 형제라거나 범죄조직의 일원들처럼 '미래'에도 서로 계속 유지되는 관계가 현재에 미치는 영향을 '미래의 그림자the shadow of the future'라고 이름 붙였습니다. 미래의 그림자, 저 먼 미래에도 계속 유지되는 관계가 그림자가 되어서 현재에까지 길게 드리워져 있는 모습을 상상해 보세요. 미래의 그림자라는 이름은 죄수의 딜레마만큼이나 재미있는 이름입니다.

미래의 그림자 이론에 의하면 사람들 사이에는 미래의 그림자가 '짙을수록', 즉 사람들이 서로의 관계가 미래에도 계속 반복되거나 유지되고 그러한 점에 대한 믿음이 현실적이고 구체적일수록, 그들이 현재 서로 배신하지 않고 협력할 가능성은 그만큼 커진다고 합니다. 사람들이 서로 얼마나 협력적인 태도를 보일지는 그들 사이에 드리워진 미래의 그림자를 찾아보기만 해도 대체로 짐작할 수 있다고 합니다.

미래의 그림자 사례: 외국 여행지, 모임

미래의 그림자는 사회생활의 여러 상황과 관계를 이해하는 데 많은 도움을 줍니다. 헛된 기대감으로 마음의 상처를 입지 않게 해 줄 수 있습니다.

외국 여행지의 상점이나 식당에는 왜 그렇게 바가지가 많을까요? 그들은 성품이 각박해서 그럴까요? 외국 여행지에 있는 상점, 식당의 주인은 여행객과 좀처럼 다시 볼 일이 없습니다. 이들 사이에는 미래의 그림자가 드리워 있지 않으며, 있더라도 매우 옅게 드리워져 있을 뿐입니다. 그들은 굳이 친절할 필요가 없고, 가격도 비교적 비싸게 받을 겁니다. 학교나 사무실 근처에 있는 상점이나 식당의 주인과 손님들 사이에 드리운 미래의 그림자와 비교해 보세요. 이곳의 주인들은 손님에게 친절하게 대하고 가격도 합리적으로 정할 겁니다. 단골손님이 되면 미래의 그림자는 더 짙어지겠지요. 외국 여행지의 상점이나 식당 주인들이 바가지를 씌우는 것은, 그들의 성품이 각박해서라기보다는 서로의 관계에 드리워진 미래의 그림자에 따라서 한 합리적인 행동일 뿐입니다.

어떤 모임이 있습니다. 이 모임의 사람들은 서로 얼마나 오랫동안 관계를 잘 유지하며 지속할 수 있을까요? 협력의 마음을 가지자고 식사나 술자리를 자주 가지면 관계가 좋아질까요? 아닙니다. 그들의 식사나 술자리의 횟수보다는 그들 사이에 드리워진 미래의 그림자가 얼마나 짙은지를 살펴보면 대강 짐작할 수 있습니다. 모임이 만들어진 계기나 모임이 추구하는 목적 등에서 미래의 그림자를 볼 수 있습니다. 언제라도 그만둘 수 있는 동호회 모임이거나 제한된 여정만 함께하는 여행객들 사이에는 미래의 그림자가 옅어서 협력에 대한 기대는 처음부터 낮추어야 합니다. 협력하자고 아무리 노력하더라도 헛된 노력일 수 있습니다. 그러나 탈퇴가 쉽지 않은 가족 간의 모임이거나 같은 업계에 있어 언제라도 다시 만날 수 있는 사람들의 모임이라면 보다 협력적 관계에 있을 겁니다.

미래의 그림자 사례: 협상, 인간관계, 연애

미래의 그림자를 적극적으로 적용하여 협력적 분위기를 만들 수도 있습니다. 미래의 그림자 이론이 알려 주는 몇 가지 전략적인 태도를 살펴보겠습니다.

미래의 그림자 이론은 협상론에서도 자주 이용됩니다. 어렵고 복잡한 협상일수록 여러 단계로 세분화하여 진행하는 것이, 협상이 타결될 가능성을 높인다고 조언합니다. 왜냐하면, 협상이 여러 단계로 나누어지면 단계 사이마다 미래의 그림자가 드리워지고, 현재의 단계에 있는 협상 당사자는 장차 미래의 다른 단계에서 서로 다시 만나게 된다는 것을 깨닫게 되고, 현재의 단계에서 지나치게 눈앞의 이익만 추구하는 것을 자제하며 신사적으로 협상을 진행할 생각을 하게 되기 때문입니다.

"협상을 여러 단계로 나누면 상호이익을 더 발휘하게 할 수 있다. 일방이 부적절하게 처신하면 다음 단계에서 상대방 역시 가만히 있지 않을 것을 양측이 서로 알게 되면, 협상이 기대한 대로 잘 진행될 수도 있을 것이다."★

친구들이나 동료들 사이와 같은 인간관계를 조금 더 협력적으로 만드는 데에도 미래의 그림자가 도움이 될 수 있습니다. 서로의 장기적인 목표를 알아보세요. 이것이 서로 비슷하여서 현실적이며 구체적인 도움을 나눌 수 있는 사이라면 그들 사이에 미래의 그림자는 조금 더 짙어지게 될 겁니다. 동업자들 사이에서는 미래의 그림자를 자주 맞추어 볼 필요가 있습니다. 동업자들은 눈앞의 단기적인 사업에 관하여서만 대화할 것이 아니고 틈틈이 장기적인 계획에 관하여도 대화를 계속 나누어 보는 것이 중요합니다. 장기적인 관점이나 가치가 서로 잘 맞으면 미래의 그림자는 더욱더 짙어진다고 할 수

★ Robert Axelrod, 〈The Evolution of Cooperation〉, Basic Books(1984), Part 4, Chapter 7, 1의 13번째 문단(p.132), "Doing it this way makes reciprocity more effective. If both sides can know that an inadequate move by the other can be met with a reciprocal defection in the next stage, the both can be more confident that the process will work out as anticipated."

있습니다. 미래의 그림자가 짙어지면 비록 현재는 상대에 대한 불만이 있더라도 조금씩 양보하고 견딜 수 있습니다.

미래의 그림자는 연인 사이에서 어떤 방향으로 대화하는 것이 좋을지도 알려 줍니다. 과거의 신나는 경험을 이야기하거나 이곳저곳을 다니며 데이트하고 즐겁게 시간을 보내는 것도 좋지만, 미래에 대한 계획이 무엇인지 생각을 나누어 보는 것도 좋습니다. 결혼 이야기를 하라는 것이 아닙니다. 서로가 각자 미래에 실현하고 싶은 꿈을 응원하고 그 꿈을 실현해 가는 데에 용기를 줄 수 있는 파트너 관계가 되어 보는 것입니다. 습관과 태도를 서로 맞추는 것도 필요하겠지만, 서로의 사이에 놓인 미래의 그림자를 발견하고, 그것을 더 짙게 만들 수 있다면, 습관이나 태도 같은 것은 생각보다 사소한 문제일 수도 있습니다. 연인 사이에 좋은 미래의 그림자가 있다면 관계는 더 안정적이고 견고해질 수 있습니다.

04
동등한 대응

미래의 그림자만 있으면 사람들이 저절로 협력할까요? 그렇지는 않습니다. 미래의 그림자는 협력 가능성을 높일 뿐입니다. 학자들은 사람들 사이에 미래의 그림자가 아무리 짙게 드리워져 있더라도 당사자가 어떻게 '처신'하는지 역시 매우 중요하다고 합니다. 협력의 조건, 두 번째를 알아보겠습니다.

게임 이론 전략 대회: 최고의 전략은 무엇인가?

정치학자 액셀로드는 죄수의 딜레마 이론 역사상 매우 결정적인 실험을 한 적이 있습니다. 그는 죄수의 딜레마 상황으로 컴퓨터 게임 대회를 열기로 하고, 전 세계의 게임 이론 전문가들에게 각자가 만든 최고의 전략 프로그램을 제출해 달라고 요청했습니다. 각자가 자신의 이익만을 추구하는 죄수의 딜레마 상황에서 다양한 전략을 서로 겨루게 하였을 때 어떠한 전략이 최고의 전략인지 알아보기 위해서입니다. 수학, 심리학, 정치학, 경제학, 물리학에서의 게임 이론 전문가들은 액셀로드에게 다양한 전략을 보내왔습니다.

최고의 전략은 어떤 전략이었을까요? '팃-포-탯tit-for-tat' 전략이었습니다. 이 전략은 상대가 협력하면 나도 그만큼 협력하고, 상대가 배신하면 나도 그만큼 배신하는 전략입니다. '상호주의reciprocity' 전략, '눈에는 눈, 이에는 이an eye for an eye, a tooth for a tooth' 전략이라고도 합니다. 저는 이것을 '동등한 대응' 또는 '동등한 보복' 전략이라고 부르겠습니다. 이 전략은 상대가 협력하는 한 굳이 내가 먼저 배신하지 않고 계속해서 협력을 유지하고 있다가, 만약 상대방이 한 차례 배신하게 되면 이에 대해 나도 한 차례 배신하는 전략을 말합니다.

동등한 대응이 최고의 전략인 이유

동등한 대응이 왜 최고의 전략일까요? 그 이유는 이 전략은 어떠한 상대방을 만나도 쉽게 착취당하지 않으면서도, 어떠한 상대방이라도 결국 협력하도록 유도하기 때문입니다.

세상은 호락호락하지 않습니다. 죄수의 딜레마에서처럼 세상은 이기주의자로 가득 차 있습니다. 이기주의자들의 공격과 배신에 대하여도 전혀 보복하지 않는다면, 그는 언젠가 자신이 가진 모든 자원을 이기주의자들에게 착취당하며 서서히 몰락할 것입니다. 동등한 보복 전략은 상대방이 나를 공격하고 배신하면, 잊지 않고 반드시 보복하고 응징합니다. 이 전략은 어떠한 상대방을 만나도 쉽게 착취당하지 않게 합니다. 그래서 동등한 보복 전략은 다른 어떤 전략보다 우월한 전략입니다.

그러나 세상에는 이익이 널려 있습니다. 그리고 세상의 이익은 협력으로만 창출할 수 있습니다. 한 차례 배신당하였다고 해서 협력의 기회를 완전히 닫아 버리겠다는 태도는 세상의 모든 이익으로부터 자신을 멀어지게 하는 행동입니다. 동등한 대응 전략은 상대방의 한 차례의 배신에 대하여 이와 동등하게 단 한 차례만 보복하고, 그러고선 그것을 잊고 상대방에게 다시 협력할 기회를 부여합니다. 이 전략은 모든 상대방을 협력으로 유도하여 그들과 함께 세상의 이익을 샅샅이 나눕니다. 그래서 동등한 보복 전략은 다른 어떤 전략보다 최고의 전략인 것입니다.

액셀로드는 동등한 대응 전략이 최고의 성공 전략이 되는 이유에 대해서, 이 전략은 신사적이고, 보복적이며, 관용적이고, 입장이 누구에게나 분명하기 때문이라고 평가합니다.

"동등한 보복이 최고의 전략이 된 이유는 그것이 신사적이고, 보복적이고, 관용적이고, 분명하기 때문이다. 신사적이므로 불필요한 상황에 끌려 들어가지 않는다. 보복적이어서 상대방이 배신을 계속하지 못한다. 관용적이어서 상호협력을 회복하도록 한다. 분명하므로 상대방이 이해하기 쉬워서 장기적 협력을 유도한다."[★]

동등한 대응 사례: 제1차 세계대전의 독일 서부 전선

동등한 대응은 여러 가지 사회 현상을 합리적으로 이해하는 데 도움을 줍니다. 동등한 대응은 적대적인 관계에서조차 협력을 발생시킵니다.

전쟁의 상황에서 협력이 발생할 수 있을까요? 전쟁은 인간 사회에 있어서 가장 적대적인 상황입니다. 상대방을 공격하여 죽이지 않으면 내가 살아남을 수 없습니다. 상대방도 나를 죽여야 살아남을 수 있습니다. 전쟁의 상황에서 협력을 상상하기는 쉽지 않습니다. 하

[★] Robert Axelrod, 〈The Evolution of Cooperation〉, Basic Books(1984), Part 2, Chapter 2의 마지막 문단(p.54), "What accounts for TIT FOR TAT's robust success is its combination of being nice, retaliatory, forgiving, and clear. Its niceness prevents it from getting into unnecessary trouble. Its retaliation discourages the other side from persisting whenever defection is tried. Its forgiveness helps restore mutual cooperation. And its clarity makes it intelligible to the other player, thereby eliciting long-term cooperation."

지만 이때에도 협력은 가능합니다. 실제의 사례가 있습니다.

지금으로부터 100여 년 전인 제1차 세계대전의 전장으로 가 보겠습니다. 독일 서부 전선에서 영국군과 독일군이 대치하고 있습니다. 처음에는 말 그대로 죽고 죽이는 치열한 전투를 벌였습니다. 그런데 어느 때부터 상황이 점차 달라졌습니다. 참호에 식량을 전달하는 시간에 서로 사격을 자제하고, 대포로 포격할 때에는 인명 피해가 없도록 서로 참호로부터 멀찌감치 겨냥하고, 크리스마스에는 잠시 휴전하기도 했다고 합니다. 상대방을 죽이지 않으면 내가 죽게 되는 살벌한 전쟁터에서 어떻게 이러한 '협력'이 발생할 수 있었을까요?

액셀로드는 이 상황을 죄수의 딜레마 이론으로 설명합니다. 전투 초기에는 서로 밀고 밀리며 격렬한 전투를 벌였지만, 어느 쪽도 물러서지 않은 채 장기적으로 대치하게 되는 상황이 고착되면서, 영국군과 독일군은 이러한 상황이 미래에도 장차 계속, 그것도 오랫동안 유지될 것이라고 예상하게 되었습니다. 즉, 이 전쟁터에 '미래의 그림자'가 드리워지기 시작한 것입니다.

그런데 이때 영국군과 독일군은 매우 독특하게 처신했습니다. 그들은 상대방의 공격에 대해 서로 '똑같이' 대응했다고 합니다. 독일군이 영국군을 5명 정도 사살하였다면, 영국군도 똑같이 독일군 5명 정도만 사살하고 그쳤습니다. 영국군이 대포로 10발의 포격을 하면 독일군도 똑같이 대포로 10발의 포격만 가했습니다. 상대방의 공격에 대해서 '동등한 대응'만 하였습니다. 이러한 동등한 대응의 처신이 서로를 협력으로 유도하였고, 결국 서로 모종의 자제를 하면서 대대적인 희생을 피하는 제1차 세계대전의 독일 서부 전선에 '협력의 체제'가 발생한 것입니다.

동등한 대응 사례: 경쟁적 관계, 우호적 관계

이처럼 가장 적대적인 상황인 전쟁터에서도 협력의 조건이 갖추어지면 협력이 발생할 수 있는데, 하물며 이것보다 훨씬 덜 적대적인 상황에서 협력은 더 자주 발생합니다.

경쟁적 관계에서 협력이 발생하는 과정을 보겠습니다. 동종업계에서 서로 치열한 경쟁을 하는 기업들이 명시적으로 또는 암묵적으로 가격 담합을 하는 것은 흔한 일입니다. 어느 나라에 생수를 공급하는 회사가 단 2개밖에 없다고 가정해 보겠습니다. 두 회사는 각자가 더 많은 수익을 내기 위해 생수 시장에서 서로 오랜 기간 치열하게 경쟁해 왔습니다. 그러나 어느 날 그들은 생수 업계에 자신들만 있다는 사실과 미래에도 오랫동안 자신들끼리 있게 될 것이라는 사실을 깨닫게 되었습니다. 즉, 그들은 그들 사이에 드리워진 '미래의 그림자'를 보게 되었던 것입니다. 이제부터 그들은 치열한 경쟁 대신

'동등한 대응' 전략을 펼치면서 협력 체제를 구축합니다. 서로의 이익을 위해 생수 가격을 1,000원씩 올리자는 식의 담합을 합니다. 한 회사가 생수 가격을 1,000원을 올리면, 얼마 후 다른 회사도 슬그머니 1,000원을 따라서 올리는 암묵적인 방식으로 할 수도 있습니다. 이러한 협력은 당사자에게 이익을 주지만 생수를 소비하는 국민에게는 불이익한 것입니다. 그래서 국가는 반독점법(경쟁법, 공정거래법)과 같은 법률을 만들어 이러한 담합을 처벌하고 업계를 경쟁적으로 유지하기 위해 노력합니다.

우호적인 관계에서 '동등한 대응' 전략도 효과적입니다. 가족, 친구, 연인, 동료, 동업의 관계처럼 서로 친밀한, 우호적인 관계에서도 서로에 대해 어떻게 처신하는지가 중요합니다. 이러한 관계에도 일부 적대적인 관계가 혼합되어 있으며, 장차 적대적인 관계로 변화될 수도 있으며, 그들 관계에서의 잠재적인 이익이 드러나지 않았을 수도 있습니다. 우호적인 관계라고 하여 상대방의 어떠한 공격과 배신에도 아랑곳하지 않고 무조건 관대하게 용인하는 전략을 택한다면, 서로의 관계에서 협력의 정신은 점점 사라질 수 있습니다. 이곳에서도 동등한 대응 전략을 택하여 우호적인 관계에서 얻을 수 있는 잠재적 이익을 협력의 체제로 전환하여 더욱더 큰 이익을 발굴해 볼 수 있습니다.

도덕주의자와 보복주의자의 절충

세상은 쉬운 곳이 아닙니다. 죄수의 딜레마에서처럼 세상은 이기주의자로 가득 차 있습니다. 미래의 그림자가 없는 곳이라면 모르겠으나 미래의 그림자가 드리워져 있는 곳에서는 우리가 그 그림자 안에서 이기주의자들을 상대하지 않을 수 없습니다.

이때 도덕주의자가 되어 어떠한 공격과 배신에 대하여도 전혀 보복하지 않는다면 착취만 당할 것입니다. 반면 보복주의자가 되어 모든 공격에 대해 민감하고 과도하게 보복하고 다닌다면 이익을 창출할 협력의 기회를 놓치게 될 것입니다. 동등한 대응은 도덕주의자와 보복주의자 사이의 절충적인 태도입니다. 우리는 동등한 대응이라는 전략으로 이기주의자들로부터 자신을 보호하는 동시에 이들과도 세상의 이익을 함께 나누어야 합니다.

05

보복능력

사람들은 그들이 미래에도 서로 관계를 계속 맺을 사이라고 믿는 상황(미래의 그림자)에서, 상대가 협력하면 나도 그만큼 협력하고 상대가 배신하면 나도 그만큼 배신하는 처신(동등한 대응)을 하면, 서로 협력할 가능성이 많아집니다. 그런데 여기서 잊지 말아야 하는 매우 중요한 사실이 하나 있습니다. 이제 협력의 조건, 세 번째를 알아보겠습니다.

동등한 보복을 하기 위한 전제: 보복능력

상대방을 협력으로 유도하는 동등한 보복이라는 처신은 당신이 그렇게 할 만한 능력, 즉 '보복능력'을 갖추어야 함을 전제로 합니다.

제1차 세계대전의 독일 서부 전선으로 다시 돌아가 보겠습니다. 영국군과 독일군은 상대방의 공격에 대해 서로 '똑같이' 대응하였다고 했습니다. 독일군이 영국군을 5명 정도 사살하였다면, 영국군도 똑같이 독일군 5명 정도만 사살하고 그쳤다고 했습니다. 영국군이 5명 정도 사살하고 그쳤던 것은 마음먹으면 5명 이상이라도 충분히 사살할 수 있는 확실한 능력이 있었던 것을 전제로 합니다. 영국군과 독일군 사이에 모종의 협력 체제가 창출되었던 이유는 양측 모두 이렇게 확실한 보복능력을 보유하고 있었기 때문입니다.

"독일 저격수는 오두막의 집 벽 구멍을 내고 그곳이 뚫릴 때까지 집중 사격을 함으로써 영국군에 능력을 과시했다. 포병들도 목표물에 몇 번씩 정확히 타격함으로써 마음만 먹으면 더 큰 손해를 입힐 수 있는 능력을 보였다. 이렇게 보복능력을 과시함으로써, 자제하는 것은 약해서 그런 것이 아니며 배신은 자멸을 초래한다는 점을 보이며 당시의 협력 체제를 관리했다."[★]

누군가는 제1차 세계대전 당시 독일 서부 전선에서 발생한 모종의

★ Robert Axelrod, 〈The Evolution of Cooperation〉, Basic Books(1984), Part 3, Chapter 4의 17번째 문단(p.79), "For example, German snipers showed their prowess to British by aiming at spots on the walls of cattages and firing until they had cut a hole. Likewise the artillery would often demonstrate with a few accurately aimed shots that they could do more damage if they wished. Theses demonstrations of retaliatory capabilities helped police the system by showing that restraint was not due to weakness, and that defection would be self defeating."

제4장
죄수의 딜레마

협력에 대해, 전쟁의 참혹한 현실에서 군인들이 인간으로서 우정과 평화를 갈망하였기 때문이라고 설명합니다. 아닙니다. 장기적으로 대치하게 되는 상황이 고착되면서 미래의 그림자가 드리워졌기 때문이고, 그러한 상황에서 서로에 대하여 동등한 보복을 하였기 때문이고, 무엇보다 양측이 동등한 보복을 할 수 있었던 보복능력을 각각 갖추었기 때문입니다. 만약 어느 한쪽이라도 보복능력을 갖추지 못했다면, 제1차 세계대전의 독일 서부 전선 이야기는 역사로 존재하지도 않았을 겁니다.

보복능력과 핵무장론

현대에도 전쟁의 위험은 존재합니다. 적국이 최근 핵무기를 개발하였다고 생각하겠습니다. 적국은 언제라도 우리의 영토를 확실하게 파괴할 수 있게 되었습니다. 이제 우리는 어떻게 대비해야 할까요?

적국이 핵무기를 포기하도록 협상으로 설득할 수 있을까요? 핵무기를 사용했을 때 참혹한 현실에 관해 진지하게 대화하고 인간으로서 우정과 평화를 강조하면 적국이 과연 핵무기를 포기할까요? 그럴 리가 없습니다. 핵무기를 포기할 만한 협상안을 만들어 볼까요? 그럴 수가 없습니다. 적국이 핵무기를 포기하게 할 만한 보상을 담은 협상안을 생각하기는 거의 불가능하며, 어떤 협상안이든 적국이 그것을 순진하게 믿을 리가 없습니다. 그러한 협상안을 만드는 사람부터 스스로 믿지 않을 겁니다.

적국이 핵무기를 포기하도록 설득할 수 없다면, 이제는 적국의 핵무기 사용을 자제시키는 전략만 남아 있게 됩니다.

어떻게 해야 할까요? 제1차 세계대전 당시 독일 서부 전선의 이야기를 떠올려 보세요. 그때처럼, 우리와 적국 사이에는 미래에도 계속 적대적 관계를 맺게 되는 미래의 그림자가 드리워져 있습니다. 그때처럼, 적국이 핵무기를 사용해서 공격하면 우리도 즉시 핵무기로 보복하겠다는 동등한 대응 전략을 채택하여야 합니다. 적국이 핵무기를 사용하는 경우 우리도 우리의 핵무기로 적국에 보복하여야 합니다. 우리의 동등한 보복, 즉 핵무기 사용으로 적국도 자신이 파괴될 것을 우려하여 그들이 처음부터 핵무기 사용을 자제하도록 해야 합니다.

그런데 우리가 그와 같이 동등한 보복을 할 수 있으려면, 우리는 동등한 보복을 할 만한 능력, 보복능력을 갖추어야 합니다. 즉, 우리도 핵무기를 가져야 합니다. 그리고 제1차 세계대전 당시 영국군과 독일군이 독일 서부 전선에서 하였던 바로 그 협력 체제를 창출하여야 합니다.

우리가 핵무기를 가지겠다고 하면 주변국들은 이것을 자신에 대한 위협으로 인식하면서 복잡한 상황이 발생할 수 있습니다. 그런데 우리와 주변국들도 죄수의 딜레마 상황에 놓여 있고 그곳에도 미래의 그림자가 드리워져 있습니다. 우리가 핵무기를 가지겠다고 선언하면, 주변국들은 지금까지의 태도와 달리 우리가 원하는 것이 무엇인지, 우리와 어떻게 협력할 것인지 진지하게 생각하기 시작할 겁니다. 하지만, 그렇다고 하더라도, 우리는 핵무기를 가지게 될 것입니다. 왜냐하면, 주변국들이 우리에게, 핵무기를 사용했을 때 참혹한 현실에 관해 아무리 자세하고 친절하게 설명한다고 해도 결국 우리를 설득할 수가 없을 것이기 때문입니다. 그리고 주변국들은 우리가 핵무기를 포기할 만한 보상을 담은 협상안을 만들 수 없을 것이기 때문입니다. 그러한 협상안에 대해서는 아무도 믿지 않을 것입니다.

보복능력의 의미: 제2차적 보복능력

잠시 군사전략가가 되어서, 보복능력의 의미를 조금 더 자세히 살펴보겠습니다.

핵무기 시대의 전쟁은 제1차 세계대전의 독일 서부 전선의 전쟁과 다른 점이 하나 있습니다. 적국이 가진 무기는 총과 대포가 아니라 핵무기라는 것입니다. 핵무기는 단 한 번의 사용으로도 우리가 가진 모든 것을 일시에 소멸시킬 수 있는 파괴력을 가졌습니다. 그래서 적국이 선제공격으로 우리의 핵무기마저 없앨 수가 있는 것입니다. 적국의 선제공격으로 우리의 보복능력이 파괴될 수가 있습니다. 우리의 보복능력이 파괴되면 그 순간 우리는 동등한 보복 전략을 사용할 수가 없습니다.

그렇다면 이제, 보복능력의 의미는 좀 더 정확히 말할 수 있게 되었습니다. 협력체제를 창출할 수 있는 보복능력이란 '선제공격으로 파괴되지 않는' 보복능력을 의미합니다. 정치학이나 군사학에서는 이것을 '제2차적 보복능력second strike capability'이라고 부릅니다. 적국으로부터 제1차적 선제공격을 받고도 파괴되지 않는, 그래서 적국에 제2차적으로 타격할 수 있는 보복능력을 말합니다. 그래서 많은 국가는 제2차적 보복능력을 유지하기 위해 핵무기를 본토에만 두지 않고 핵잠수함과 같은 곳에 보호하고 있습니다. 협력 체제를 창출할 수 있는 보복능력이란 바로 제2차적 보복능력을 말하는 것입니다.

게임 이론 정치학자 쉘링Schelling은 일찍이 '국민의 안전'이 아니라 '무기의 안전'이 더 중요하다고 말했는데, 바로 보복능력의 이러한 의미를 강조하기 위한 것입니다.

"기습공격을 피하기 위한 계획은 국민의 안전이 아니라 무기의 안전을 가장 우선적인 목표로 하여야 한다."★

죄수의 딜레마 이론은 협력이란 선의나 설득으로 만들어지는 것이 아니고 상황과 전략에서 비롯되는 것이라고 믿습니다. 협력은 미래의 그림자라는 상황과 동등한 대응이라는 전략으로부터 나오는 것입니다. 그리고 동등한 대응이라는 전략은 보복능력, 특히 제2차적 보복능력이 없으면 사용하기 불가능한 전략입니다.

협력이란, 동등한 대응과 그에 걸맞은 보복능력을 갖춘 자들 사이에서 나누는 것입니다. 그래서 협력은 따뜻한 단어가 아니라 '차가운' 단어입니다.

당신의 보복능력은 무엇인가요? 그 보복능력은 누군가의 선제공격에서 파괴되지도 빼앗기지도 않는 안전한 곳에 잘 보관되어 있나요?

★ Thomas C. Schelling, 〈The Strategy of Conflict〉, Harvard University Press(1960, 1980), Part 4, Chapter 10의 11번째 문단(p.233), "Thus schemes to avert surprise attack have as their most immediate objective the safety of weapons rather than the safety of people."

06
법률의 역할

고의로 살인을 한 경우 어떻게 처벌해야 할까요? 국가는 사람들이 살인을 저지르지 않도록 하려면, 이에 대한 적절한 형벌을 어느 정도로 정해야 할까요? 죄수의 딜레마 이론으로 한번 생각해 보겠습니다.

살인에 대한 적절한 형벌

국가라는 공동체 안에서 법률체계는 그 국가에서 살아가는 사람들 사이의 미래의 그림자와 같은 것입니다. 사람들이 고의로 다른 사람을 살인하지 않도록 '협력'하게 하기 위한 가장 효과적인 방법은 '동등한 보복'입니다. 동등한 보복이란 고의로 다른 사람의 목숨을 빼앗은 사람은 자신의 목숨도 빼앗기도록 하는 겁니다. 만약 동등한 보복에 미달하는 보복, 예를 들어 무기징역 정도에 그친다면 고의로 사람을 죽이는 자가 조금이라도 더 이익을 얻게 되므로 사람들의 마음을 살인하지 않도록 유도하는 데에 부족합니다. 죄수의 딜레마 이론에 의하면 다른 사람들에게 장차 살인죄를 저지르지 않도록 하는 가장 적절한 형벌은 살인자에게 동등한 보복을 하는 것, 그의 목숨을 빼앗는 형벌, 바로 '사형'이어야 합니다.

살인에 대하여 사형으로 처벌하는 것이 문명적이지 않다거나 인간 존중에 어긋난다고 생각하는 사람이 있을 겁니다. 그러나 국가 공동체에 사람들이 서로 살인을 저지르지 않도록 하는 가장 효과적인 방법을 찾아내어 이를 실현하는 것이야말로 가장 문명적이며 인간 존중에 부합하는 것이지 않을까요?

법률의 역할: 배신과 협력의 기준, 동등한 보복의 집행

공동체에 사는 사람들 사이의 관계에서 배신이 발생하면, 국가가 대신 나서서 '동등한 보복'을 해 주어야 합니다. 그래야 사람들 사이에 협력의 체제가 창출됩니다. 죄수의 딜레마 이론에 의하면 국가 공동체에서 해야 할 법률의 역할은 최소한 다음의 두 가지입니다.

첫째, 법률은 가능한 한 명확하게 배신과 협력의 기준을 세워 두어야 합니다. 사람들이 서로 계약을 체결하였다고 하겠습니다. 서로의 이익을 위하여 협력하기로 한 것입니다. 그런데 한쪽이 계약을 성실히 이행하지 않는 것처럼 보일 때가 있습니다. 이때 법률은 무엇이 배신이고 무엇이 협력인지, 즉 어떤 행동이 계약위반이 되는지에 관한 매우 구체적인 기준을 세워 두어야 합니다. 범죄에 대해서도 마찬가지입니다. 국가 공동체 안에서 모두가 서로에게 피해를 주지 않고 협력하기로 하였습니다. 그런데 누군가가 다른 사람에게 피해를 주었을 때가 있습니다. 이때 법률은 어떠한 행동으로 어느 정도의 피해가 발생하면 범죄가 성립되는 것인지 매우 구체적인 기준을 세워 두어야 합니다. 어떤 행동이 폭행, 성범죄, 강도, 사기, 횡령, 배임, 위조에 해당하는지 명확한 기준을 마련해 둠으로써 사람들이 적어도 그 선은 넘지 않겠다고 마음속으로 생각하게 해야 합니다.

둘째, 법률은 잘못을 저지른 사람들이 그로 인한 피해의 정도에 걸맞은 동등한 보복을 당하도록 하여야 합니다. 계약위반의 행위로 인하여 발생한 손해, 즉 인과관계가 있는 적정한 범위의 손해에 대하여 배상받도록 해야 합니다. 과도한 배상을 하게 해서도 안 됩니다. 사소한 계약위반과 미미한 손해에 대하여 마치 죽을죄를 지은 것처럼 무한한 배상을 지울 수는 없습니다. 범죄에 대하여도 그렇습니다. 죄를 지은 사람을 무조건 과도하게 처벌하는 것은 좋은 것이 아닙니다. 범죄의 종류와 죄질에 따라 형량을 세밀하게 정하고 죄질에 맞게 비례적으로 처벌하여야 합니다. 피해자가 범죄자에 의해 빼앗긴 것이 사회의 보편적 가치에 비추어 얼마나 귀중한 것인지에 따라 동등한 보복을 받도록 하는 것입니다. 그래서 법률은 남의 재산을 뺏은 사기꾼을 남의 생명을 뺏은 살인자보다 무겁게 처벌하지는 않습니다.

죄수의 딜레마 이론은 세상에서 사람들에게 약속을 지켜야 한다거나 범죄를 저지르지 말라고 설득하는 것은 그다지 효과가 없다고 알려 줍니다. 법률이 제 역할을 다하여 배신과 협력에 관한 기준을 정교하게 세워 두고 배신하는 경우 반드시 동등한 보복을 당할 수밖에 없도록 판결하고 집행하는 것이 평화로운 세상을 만드는 데 훨씬 중요하다고 합니다. 법률이 정하여 둔 배신과 협력의 구체적인 기준을 사람들에게 분명히 알려 두고, 그러한 기준을 위반하고 배신에 나아가는 경우 반드시 동등한 보복을 감수하게 될 것이며 이것은 누구도 피해갈 수 없음을 확실하게 보여 주는 것이 훨씬 효과가 있습니다.

이기적 유전자의 협력적 행동: 흡혈박쥐와 인간

생물학자 도킨스는 〈이기적 유전자The selfish gene〉에서 죄수의 딜레마 이론을 적용하여 생물의 진화와 협력을 설명합니다. 생물은 근본적으로 유전자gene의 수준에서 자기 복제하는 이기적selfish 존재이지만, 생물이 처한 상황에 미래의 그림자가 드리워질 때 그들도 협력적

^{cooperative} 행동을 보이는 경우가 있다고 합니다. 이기적인 존재들 사이에 미래의 그림자가 드리워지면 협력적 행동을 하는 것은 인간이 아닌 다른 생물에게도 공통적이라는 얘기입니다.

도킨스가 예를 들었던 흡혈박쥐를 볼까요? 흡혈박쥐는 같은 동굴에서 함께 살았던 박쥐인지 아니면 다른 동굴에 사는 박쥐인지를 식별할 수 있다고 합니다. 즉, 그들은 장차 서로 언젠가 다시 만나게 될 사이이므로 미래의 그림자가 드리워져 있다는 것입니다. 그래서 만약 어떤 흡혈박쥐가 어느 날 밤 운이 좋게 먹이를 제대로 많이 먹게 되면 같은 동굴의 친구 흡혈박쥐에게 자신이 먹은 먹이(피)를 토해 나누어 주는 협력적 행위를 한다고 합니다. 이렇게 행동을 하는 흡혈박쥐에 대한 도킨스의 재미있는 논평을 들어 보시지요.

> "흡혈박쥐야말로 서로 나누고, 서로 협력하는 훌륭한 신화의 주인공이 될 수 있다."★

지구상의 생물 중 하나인 인간도 국가 내에서 다른 사람들과 미래의 그림자가 드리워진 채 살고 있습니다. 현대 사회는 분야마다 매우 복잡하여 사람들이 한 행동이 과연 '배신'인지, '협력'인지 애매할 때

★ Richard Dawkins, 〈The Selfish Gene〉, Oxford University Press(1976, 2016), Chapter 12의 마지막 문단(p.301), "Vampires could form the vanguard of a comfortable new myth, a myth of sharing, mutualistic cooperation."

가 많고, 그에 대한 처벌도 그 사람의 지위나 배경에 따라 불공평한 경우가 많습니다.

그러나 흡혈박쥐와 달리 인간에게는 법률이라는 유용한 제도가 있습니다. 법률이 어떠한 행동이 배신인지, 협력이 무엇인지에 대하여 명확하고 정교하게 기준을 세워 둔다면, 그리고 배신에 대하여는 그만큼 처벌을 하도록 하고 협력에 대하여는 그만큼 혜택을 누릴 수 있게 제 역할을 다한다면, 유전자^{gene}의 수준에서 자기 복제하는 이기적인 존재인 인간은 흡혈박쥐보다 훨씬 훌륭한 협력적 행동을 보일 것입니다. 우리에게는 법이라는 훌륭한 제도가 있습니다. 우리는 흡혈박쥐에게 서로 협력하는 훌륭한 신화의 주인공 자리를 양보할 필요가 없습니다.

07
용서의 기술

죄수의 딜레마 이론을 자칫 오해할 수 있습니다. 죄수의 딜레마 이론에 빠져 있으면 상대방이 배신하면 반드시 보복하라는 '눈에는 눈, 이에는 이'만 머릿속에 남을 수 있습니다. 그렇지 않습니다. 죄수의 딜레마 이론은 오히려 '불필요한' 보복이나 '과도한' 보복을 자제하라는 조언입니다. 그래서 죄수의 딜레마 이론은 '용서의 기술'을 가르쳐 주는 이론입니다.

불친절한 직원: 미래의 그림자 없애기

어느 식당에 들어갔는데 어떤 이유에선지 직원이 내게 불친절하게 대한다고 생각해 보겠습니다. 어떻게 하는 것이 좋을까요?

그냥 웃어넘기면 됩니다. 잊어버리면 됩니다. 왜냐하면, 나는 그 식당이나 그 직원과 '미래의 그림자'를 나눌 필요가 없기 때문입니다. 식당은 얼마든지 있습니다. 내가 다음에 그 식당에 가지 않으면 되고, 그러면 그 직원과도 만날 일이 없습니다. 불쾌한 마음을 풀고자 굳이 불친절에 대해 따질 필요가 없습니다. '불필요한' 보복에 수고를 들일 필요가 없습니다.

파트너의 배신: 미래의 그림자 없애기

오랜 기간 연인으로 지냈던 사이에서 한쪽이 나를 배신하였다고 생각해 보겠습니다. 이때는 어떻게 할까요?

물론 쉽게 웃어넘길 수까지는 없겠지요. 오랜 기간의 정으로 인해서 쉽게 잊을 수도 없겠지요. 하지만 이때도 어떠한 행동도 하지 않고 잊는 것이 현명합니다. 상대방과는 이제부터 '미래의 그림자'를 나누지 않기로 했으므로 그의 배신에 대한 보복은 이제 전혀 '불필요한' 보복이기 때문입니다. 그와 만들어 온 미래의 그림자에서 그저 '걸어 나오면' 그뿐입니다. 잊으면 될 일입니다.

미래의 그림자를 없앨 수 없는 경우: 동등한 정도만 보복하기

미래의 그림자에서 걸어 나올 수 없는 경우에는 어떻게 해야 할까요? 직장 동료나 동업 관계와 같이 당장 헤어질 수는 없는 관계에서 그가 내게 잘못을 했다면 어떻게 해야 할까요?

미래의 그림자를 나누는 사이에서는 동등한 대응 전략을 행사해야 합니다. 죄수의 딜레마 이론의 조언에 따라 똑같이 대하면 됩니다. 그런데 여기에서 생각해 볼 것이 있습니다. 상대방의 잘못에 대하여 '동등한' 정도의 대응이 과연 어느 정도인지 가늠하기가 말처럼 쉬운 것은 아닙니다.

그가 나와 약속을 한 번 어겼다고, 나도 그와 약속을 한 번 어기면 그것이 동등한 보복일까요? 동등한 보복이란 상대방의 배신에 대해서 그저 기계적으로, 또는 밖으로 보이기에 동일한 대응을 말하는 것이 아닙니다. 효과에 있어서 동등한 대응, 즉 동등한 효과를 가진 대응을 의미하는 것입니다. 그리고 내가 마음대로 생각하기에 동등한 대응을 말하는 것이 아닙니다. 비교적 객관적으로 동등하게 그래서 상대방도 동등하다고 생각할 정도를 의미하는 것입니다. 그가 어긴 약속이 사소한 약속인지 중요한 약속인지도 다르고, 약속을 어긴 사정을 들어 보면 그것은 배신이 아니거나 혹은 더 큰 배신이거나 혹은 전혀 다른 문제일 수도 있습니다. 이런 경우에 동등한 대응을 하겠다며 똑같이 한 차례 약속을 어기겠다는 것은 과도한 보복이거나 어리석은 행동일 수 있습니다.

죄수의 딜레마 이론은 보복의 기술이자 용서의 기술

죄수의 딜레마 이론은, 세상은 협력하는 사람들에게 더 큰 이익을 준다는 것을 가르쳐 줍니다. 우리는 협력의 기회를 망치지 말아야 합니다. 상대방이 한 차례 배신하였다고 기분에 따라 과도하게 보복하면 상대방이 미래의 그림자로부터 걸어 나가도록 만들거나, 때로는 보복의 악순환이라는 구렁텅이에 빠져 협력의 이익은커녕 세월과 여력을 낭비하며 서로 피해만 입히는 관계가 되고 맙니다.

죄수의 딜레마 이론은 '보복의 기술'인 동시에 '용서의 기술'입니다. 누군가와 미래의 그림자를 나누지 않고 있다면 굳이 불필요한 보복으로 수고를 들이지 말고 차라리 용서하는 것이 낫습니다. 그리고 누군가와 미래의 그림자를 나누고 있다면 협력의 체제를 위하여 배신에 대해서는 그에 동등한 보복을 하겠다는 생각은 잊지 말되, 과연 이 경우의 동등한 보복이 무엇인지 신중하게 생각해 보아야 합니다. 내 인생에 있어서 그와 나누는 미래의 그림자가 어떤 의미가 있는지 자기 삶의 목적에 따라 합당한 만큼 동등한 보복을 집행하고, 나머지는 과감하게 용서해도 됩니다.

제5장

보이지 않는 손

"우리는 그들의 자비심에 호소하지 않고
그들의 이기심을 언급한다.
그들에게 우리의 필요함을 말하지 않고
그들의 유리함을 말한다."

- 애덤 스미스 -

01
옷가게

따뜻한 햇살이 거리에 가득 차 있습니다. 누군가 큰 붓으로 햇살을 듬뿍 찍어서 수채화를 그리듯 거리의 이곳저곳을 휘저어 가며 칠해 둔 것 같습니다. 길옆으로는 옷가게들이 늘어서 있습니다. 큰 유리 창 앞에서 옷을 구경합니다. 멋진 하늘색 셔츠가 보이네요. 옷가게 로 들어가 보기로 했습니다. 경쾌한 마음으로 문을 밀어서 성큼 들 어갑니다. 그런데 따뜻한 햇살은 안으로 따라 들어오지 않습니다. 왜 그럴까요? 이제부터 옷가게 안에서는 비정한 거래가 시작되기 때문입니다.

가게에 들어와 보니 아주 많은 옷이 있습니다. 셔츠만 해도 흰색, 분 홍색 등 다양한 색깔이 있고 체크 무늬가 있거나 디자인이 독특한 옷도 있습니다. 다들 나의 선택을 기다리고 있습니다. 어떤 옷을 골 라야 할까요?

물건을 고를 때의 기준은 분명합니다. 좋은 물건을 가장 싸게 사는 것, 이것이 기준입니다. 내가 이번에 사려는 셔츠의 디자인, 옷감, 브랜드 등 품질을 대강 정해 두었습니다. 얼마 정도를 쓸지 가격도 마음속으로 정해 두었습니다. 내가 가장 마음에 드는, 좋다고 생각하는 셔츠를 가장 싸게 사는 것이 거래의 방법입니다. 셔츠를 고를 때 그 셔츠를 만든 사람이 얼마나 정성을 들여 그 셔츠를 만들었는지는 생각하지 않습니다. 셔츠를 파는 사람이 현재 경제적으로 얼마나 어려운 처지에 있는지도 생각하지 않습니다. 똑같은 셔츠나 비슷한 셔츠를 옆 가게에서 또는 온라인쇼핑몰에서 조금 더 싸게 팔고 있다면 그곳에서 삽니다.

그런데 거래가 이렇게 비정해도 괜찮을까요? 누가 어떤 마음으로 셔츠를 만들고 팔고 있는지 등을 생각하지 않고, 오로지 좋은 품질의 셔츠를 싸게 사겠다는 이러한 이기적 태도로만 거래해도 사회 전체에 아무런 문제가 발생하지 않을까요?

사상가 애덤 스미스는 약 250년 전인 1776년 책 〈국부론The Wealth of Nations〉에서 이렇게 질문하는 사람에게 '그런 걱정은 하지 말라'라고 합니다. 애덤 스미스는 사람들이 이기적인 태도로 시장에서 가격을 기준으로 자유롭게 거래하고 경쟁하는 것에 아무런 문제가 없으며, 오히려 그렇게 하는 것이 사회 전체에 이익이 된다고 합니다. 애덤 스미스는 사회에는 '보이지 않는 손'이라는 것이 있어서, 각자가 이기적 태도로 거래에 임하더라도 이 보이지 않는 손이 알아서 사회 전체의 이익을 증진한다고 합니다.

그동안 애덤 스미스의 이러한 주장에 의심을 품고 그에게 도전하는 사람들이 많았습니다. 애덤 스미스의 주장은 처음 듣기에는 그대로 믿기 힘든 내용이기 때문입니다. 각자가 자기 이익만을 위해서 좋은 물건을 가장 싸게 사겠다는 태도로 시장에서 거래하고 경쟁하면, 왜 인지 그러한 이기적인 태도로 인해 사회 전체가 너무 삭막해지거나 사회 전체에 손해가 발생할 수 있을 것 같습니다. 그리고 한편으로는, 끊임없이 경쟁하는 것은 모두에게 고달픈 일이기도 해서 그렇습니다. 누구라도 나서서 모두 이렇게 이기적인 태도로 거래하고 경쟁하면 모두가 고달파질 테니, 좀 쉬엄쉬엄하자고 우리를 설득하고 말려 주었으면 좋겠다는 생각도 하게 됩니다.

하지만 결국 애덤 스미스가 옳았습니다. 사람들이 이기적 태도로 시장에서 가격을 기준으로 자유롭게 거래하고 경쟁하는 것이 사회 전체에 이익이 된다는 그의 주장은 세월이 지날수록 더욱더 굳건해지고 정교해져서 그것은 오늘날 '경제학'이라는 학문의 가장 근본적인 원리가 되었습니다. 애덤 스미스의 제자들이라고 할 수 있는 오늘날의 거의 모든 경제학자는 애덤 스미스의 '보이지 않는 손' 이론을 의심하지 않습니다. 어떻게 그렇게 되었을까요? 애덤 스미스가 말한 '보이지 않는 손'이란 도대체 무엇일까요? 우리는 보이지 않는 손의

손아귀에서 벗어날 수 없는 상태에서 영원히 경쟁하며 살아야 하는

가요?

02
보이지 않는 손

애덤 스미스가 말하는 '보이지 않는 손'이란 무엇일까요? 시장에서 가격과 품질을 기준으로 자유롭게 거래하고 경쟁하는 것을 보이지 않는 손invisible hand이라고 부릅니다. 시장, 가격, 거래, 경쟁과 같은 뜻이라고 이해해도 됩니다.

실제의 시장을 떠올려 보면 보이지 않는 손이라는 이름이 아주 적절하다고 생각할 겁니다. 시장에서는 물건을 파는 사람들과 물건을 사는 사람들 사이에 어떤 '보이지 않는 손'이 있는 것처럼 느껴집니다. 시장에서 팔려는 사람과 사려는 사람들 사이에서 서로 원하는 가격을 물어 가며 가격을 조정하고 거래를 붙이고 경쟁을 유도하는 장면을 생각해 보세요. 시장에서 이쪽저쪽 열심히 움직이는 저 '보이지 않는 손'이 여러분 눈에 보이지 않나요?

생수 부족 사례: 부족한 생수는 어떻게 공급되게 되었는가?

보이지 않는 손이 어떻게 일을 하는지 알아보겠습니다. 어느 지역에 재난이 발생해서 물이 공급되지 않은 상황을 생각해 보겠습니다. 사람들은 '생수'를 구하려고 난리입니다. 이때 보이지 않는 손은 어떻게 이 문제를 해결할까요?

보이지 않는 손은 비정한 마음으로 일단 생수의 '가격'을 천정부지로 올립니다. 이렇게 해도 될까 싶을 정도로 가격을 높이 올립니다. 물이 부족하므로 거래에 있어서 생수 가격이 올라가는 것은 당연합니다.

이제 어떻게 될까요? 사람들은 생수의 가격이 너무 비싸서 생수를 마음껏 마실 수가 없습니다. 보이지 않는 손은 우선, 생수가 부족한 지역의 사람들에게 사회에 부족해진 생수를 아껴 마시게 합니다. 생수를 이전보다 덜 소비하도록 하는 것입니다.

보이지 않는 손의 진면목은 지금부터입니다. 보이지 않는 손은 이 지역에 생수를 이전보다 더 공급하도록 합니다. 보이지 않는 손은 세상 모든 사람들에게 이 지역의 생수 '가격'이 천정부지로 올라갔으니 이 지역으로 생수를 공급하면 당신들에게 이익이 되지 않겠느냐 여기저기에 손짓합니다. 생수 업자들은 정신을 퍼뜩 차립니다. 같은 생수를 이 지역에 팔면 매우 높은 가격에 팔아 이익을 얻을 수 있으므로 그들은 다른 지역에 팔던 생수를 이 지역으로 가져와 팝니다. 너도나도 이 지역에 생수를 공급하려고 합니다. 이러는 동안에 이 지역에 생수는 충분히 공급되고, 생수가 충분히 공급됨에 따라 이제 점차 생수 가격도 다시 내려갑니다. 다른 지역과 같은 수준이 될 때까지 생수 가격은 내려갑니다. 이제 사람들은 예전의 가격으로 생수를 마실 수 있게 되었습니다.

재난이 발생한 이 지역은 보이지 않는 손이 생수 가격을 높임으로써, 한편으로는 생수를 아껴서 소비하게 하였고, 한편으로는 생수가 충분히 공급되게 하였습니다. 그러는 동안에 가격은 다시 회복되었습니다. 보이지 않는 손이 이 모든 일을 해내었습니다.

보이지 않는 손의 비결: 이기심 자극

보이지 않는 손은 어떻게 이 일을 해내었을까요? 보이지 않는 손이 생수 업자들을 찾아가 이 지역 사람을 도와달라고 사정했나요? 그들의 '자비심'에 호소했나요? 아닙니다. 보이지 않는 손은 단지 생수 가격을 높게 올렸고, 사람들은 너도나도 돈을 벌겠다는 생각에 이 지역에 생수를 공급하였던 것입니다. 보이지 않는 손은 사람들의 '이기심'을 자극했을 뿐입니다. 이제, 애덤 스미스가 아래와 같이 말했던 이유를 이해할 수 있을 겁니다.

"우리가 매일 저녁 식사를 할 수 있는 것은 정육점, 술집, 빵집 주인의 자비심 덕분이 아니다. 그들이 자기의 이익을 추구한 덕분이다. 우리는 그들의 자비심에 호소하지 않고 그들의 이기심을 언급한다. 그들에게 우리의 필요함을 말하지 않고 그들의 유리함을 말한다."★

보이지 않는 손의 결과: 공익의 증진

보이지 않는 손은 각자의 이기심(사익)만을 충족시킨 것이 아닙니다. 재난 지역에 부족한 생수가 다시 충분히 공급되도록 하였고 가격도 회복시켰습니다. 재난 지역에 필요한 사회의 이익(공익)까지 달성했던 것입니다. 생수 업자가 사익을 넘어 이런 공익까지 달성하려는 의도가 있었을까요? 누군가는 그렇다고 말할지 모르겠습니다. 하지만 애덤 스미스는 그런 말을 믿는 사람이 아닙니다. 사회의 이익(공익)이 증진된 것은 그들의 선의가 아니라 보이지 않는 손 때문입니다.

★ Adam Smith, 〈the Wealth of Nations〉, Methuen & Co.(1904), Book I, Chapter II의 2번, "It is not from the benevolence of the butcher, the brewer, or the baker that we expect our dinner, but from their regard to their own interest. We address ourselves, not to their humanity, but to their self-love, and never talk to them of our own necessities, but of their advantages."

"개인은 다른 많은 경우에서 그러하듯 자신의 이익만을 의도한다. 그러나 그동안 보이지 않는 손an invisible hand에 이끌려서 그가 의도하지 않았던 목적을 달성한다. 의도하지 않았다고 해서 사회에 해로운 것은 아니다. 개인은 자신의 이익을 추구함으로써, 처음부터 사회의 이익을 추구하겠다고 하는 경우보다 사회의 이익이 훨씬 더 효과적으로 증진하게 된다. 나는 사회의 이익을 추구하겠다고 말하며 사업하는 사람이 사회에 도움이 되는 경우를 별로 보지 못했다. 사업가라면 그렇게 하지도 않으며, 아마 몇 마디만 나누면 그런 말도 쑥 들어갈 것이다."★

★ Adam Smith, 〈the Wealth of Nations〉, Methuen & Co.(1904), Book IV, Chapter II의 9번, "He intends only his own gain; and he is in this, as in many other cases, led by an invisible hand to promote an end which was no part of his intention. Nor is it always the worse for the society that it was no part of it. By pursuing his own interest, he frequently promotes that of the society more effactually than when he really intends to promote it. I have never known much good done by those who affected to trade for the public good. It is an affection, indeed, not very common among merchants, and very few words need be employed in dissuading them from it."

03
거래와 경쟁의 미학

경쟁은 고달픈 일입니다. 거래와 경쟁은 우리를 지치고 피곤하게 합니다. 모두에게 이쯤에서 거래와 경쟁을 그만두고 조금 쉬자고 하면 다들 그렇게 할까요? 불가능합니다. 거래와 경쟁은 인간에게 돌이킬 수 없는 삶의 방식이 되었기 때문입니다.

인간은 거래하고 경쟁하는 동물

인간은 '거래'하는 동물입니다. 셔츠를 입고 싶을 때 직접 만들지 않습니다. 옷가게나 쇼핑몰에 가서 내 마음에 드는 디자인의 셔츠를 찾습니다. 인간은 먼 곳으로 이동하기 위해서 자동차를 직접 만들지 않습니다. 버스나 택시 회사와 거래하거나 자동차를 만드는 회사와 거래합니다. 우리는 지식을 습득하기 위해서 직접 연구하지 않습니다. 학자, 학교와 거래해서 지식을 배우고 서점과 거래해서 책을 삽니다. 건강에 문제가 생기면 의학책을 뒤적여 가며 직접 공부하지 않습니다. 병원을 찾고 의사와 거래합니다. 보이지 않는 손은 이 세상을 돌아다니며 우리에게 우리가 필요로 하는 물건이나 서비스를 거래할 사람을 찾아줍니다.

인간은 '경쟁'하는 동물입니다. 보이지 않는 손은 사람들 사이의 거래를 아무렇게나 성사시키지 않습니다. 셔츠를 사려는 사람들, 셔츠를 팔려는 사람들을 모아 두고 비정한 경쟁에 몰아넣습니다. 셔츠를 사려는 사람은 같은 품질의 옷을 가장 싸게 사려고 합니다. 셔츠를 팔려는 사람은 같은 품질의 옷에 최저의 비용을 들여 생산하려고 합니다. 셔츠를 사려는 수많은 사람, 셔츠를 팔려는 수많은 사람이 옷 가게와 쇼핑몰에서 품질과 가격으로 비정하게 경쟁합니다. 버스, 택시, 자동차, 학교, 서점, 병원도 마찬가지입니다. 그들은 모두 보이지 않는 손이 주관하는 비정한 경쟁에서 좋은 품질과 낮은 가격으로 승부를 보아야 합니다.

거래와 경쟁이 주는 혜택

이렇게 거래와 경쟁이 인간에게 돌이킬 수 없는 삶의 방식이 된 이유는, 거래와 경쟁이 우리 삶에 막대한 혜택과 행복을 주기 때문입니다.

나는 내가 직접 만들지 않아도 내가 전혀 생각지도 못한 아름다운 디자인의 셔츠를 손쉽게 입을 수 있습니다. 버스, 택시, 자동차를 이용해서 먼 거리에 있는 학교나 직장에 다닐 수 있게 되었습니다. 평생을 들여 연구하여도 깨닫기 어려운 지식을 학자와 학교 덕분에 매우 효과적으로 배울 수 있게 되었습니다. 이렇게 익힌 지식으로 나를 계발해서 돈을 벌거나 내 삶을 풍족하게 할 기회를 만들기도 합니다.

내일 당신 또는 당신의 가족이 병원에서 수술받기로 했다고 생각해보세요. 의사가 어떤 의사이기를 바라는가요? 인류애가 넘치고 한없이 친절한 의사를 원하나요? 글쎄요. 의학 지식을 제대로 습득하고 수술 경험이 충분한 의사, 유능한 의사가 수술하기를 바랄 겁니다. 우리는 그 의사가 얼마나 유능한지에 가장 큰 관심이 있을 겁니다. 그런데 유능한 의사는 어떻게 만들어질까요? 바로 '경쟁'으로 만들어집니다. 세상에 경쟁이 없다면, 누구도 탁월한 능력을 갖추려고 그렇게 노력하지 않을 겁니다. 유능한 의사가 되기 위해 학창시절 성적을 잘 받아 좋은 학교와 병원에서 공부하고 수련하려고 합니다. 경쟁 덕분에 우리는 인류의 의료지식을 체계적으로 공부한, 유능한 의사들과 거래하여 나의 생명을 위협하는 질병을 효과적으로 치료받을 수 있습니다.

애덤 스미스는 인간이 각자의 다른 능력으로 다양하게 생산하고 서로 거래하며 도움을 주는데, 이것이 동물과 구별되는 점이라고 말합니다. 이렇게 인간은 거래하는 동물입니다.

> "동물과 달리 인간은 각자 서로 다른 능력을 가져서 서로 도움이 된다. 각자의 재능에 따라 다양한 물건을 생산하고, 마침 인간은 운송, 교환, 거래하려는 성향이 있어서, 각자의 재능으로 각자 맡아서 생산한 물건들을 한데 모은 후 모두가 여기에서 구할 수 있도록 한다."[★]

거래와 경쟁으로 인한 공정

거래와 경쟁은 세상을 공정하게 만들기도 합니다. 보이지 않는 손은 세상의 '차별'을 없애는 역할도 합니다. 보이지 않는 손은 오로지 가격과 이익만을 생각하기 때문입니다.

어떤 회사가 오른손잡이 남성만 채용하겠다고 고집한다고 생각해 보겠습니다. 이 회사는 거래와 경쟁에서 실패하고 말 것입니다. 다

★ Adam Smith, 〈the Wealth of Nations〉, Methuen & Co.(1904), Book I, Chapter II의 5번, "Among men, on the contrary, the most dissimilar geniuses are of use to one another; the different produces of their respective talents, by the general disposition to truck, barter, and exchange, being brought, as it were, into a common stock, where every man may purchase whatever part of the produce of other men's talents he has occasion for."

른 회사는 오른손잡이이든 왼손잡이이든 남성이든 여성이든, 아무런 차별 없이 오로지 생산성이 높은 근로자를 채용하여 경쟁에 참여하여, 보이지 않는 손의 선택을 받게 될 것입니다. 만약 당신이 왼손잡이이거나 여성이더라도, 매우 높은 생산성을 가졌다면 당신은 차별 없이 고용하는 회사에 고용될 수 있을 것입니다.

인류가 거래와 경쟁이 우리 삶에 주는 막대한 혜택과 행복에서 벗어나기에는 너무 늦었습니다. 거래와 경쟁이 세상을 공정하게 만드는 역할도 우리는 중단시킬 수 없을 것입니다. 애덤 스미스의 제자인 현대의 경제학자들은 보이지 않는 손이라는 거래와 경쟁에 대하여, 언뜻 비정해 보이지만, 그들은 한결같이, 우리가 거래와 경쟁을 외면한다면 세상은 더욱더 비정해질 것이라고 경고합니다.

거래와 경쟁이 고달픈 것은 사실이지만, 거래와 경쟁 없는 세상은 훨씬 더 고달픈 곳이 될 것입니다. 거래와 경쟁을 그만두자는 제안은 그다지 경쟁력이 없는 제안이며, 그러한 경쟁력이 없는 제안은 좀처럼 거래할 곳을 찾지 못할 것입니다.

04
임대료 규제

보이지 않는 손은 제 마음대로 가격을 올립니다. 보이지 않는 손이 시장에서 마음대로 가격을 올리는 것에 대해 불만인 사람들이 많습니다. 이때 일부 정치인들은 이러한 불만을 해결하면 정치적인 인기를 얻을 수 있다고 생각합니다. 그들은 '사람들이 가격 오르는 것을 싫어하는데, 그렇다면 법으로 가격을 올리지 못하게 하면 되잖아?'라고 단순하게 생각합니다.

하지만 경제학자들은 이런 법률을 만드는 것은 어리석다고 봅니다. 경제의 근본적인 원리인 보이지 않는 손을 이런 식으로 묶어 버린다면 오히려 많은 사람에게 불리한 결과만 초래할 것이라 경고합니다.

보이지 않는 손이 가격을 올리지 못하게 하면 어떤 일이 발생하게 될까요? 여기서는 임대료 규제 사례를 통해 알아보겠습니다. 가격을 어느 한도 이상 올리지 못하게 하는 제도(가격 상한제)를 채택하는 다른 경우에도 이와 비슷한 일이 일어난다고 생각하면 됩니다.

임대료 규제의 의도

대도시는 집값이 비싸고, 임대료도 비쌉니다. 그래서 가난한 사람들은 대도시에 살 곳을 구하기 어렵습니다. 이때 집값이나 임대료를 높이지 못하게 하는 법을 만들어서 가난한 사람들이 낮은 임대료로 부담 없이 살 수 있도록 하면 어떨까요? 돈이 많은 임대인이 조금만 희생하면 가난한 임차인들에게 많은 도움이 되지 않을까요?

임대료 규제의 결과: 집 공급 부족, 임차인 대부분 손해

임대료 규제는 세월이 갈수록 임대시장에서 집 공급이 줄어들게 만듭니다. 국가가 임대료 규제(가격 상한제)를 하면 집주인은 임대료를 시장에서 결정되는 가격, 즉 '제값'으로 받지 못한다는 것을 의미합니다. 그러면 집을 여러 채 가진 사람들도 굳이 임대할 생각을 하지 않습니다. 임대하여도 제값을 받지 못하기 때문입니다. 집을 지으려고도 하지 않습니다. 지어 둔 집을 사서 임대할 사람이 별로 없기 때문입니다. 부동산 임대시장에서는 임대하는 집의 공급이 점점 줄어듭니다. 시장에 집 공급이 늘어나야 근본적으로 임대료가 떨어질 텐데, 세월이 갈수록 집 공급은 줄어듭니다.

반면에 세월이 갈수록 임대시장에서 집 수요는 늘어납니다. 국가가 임대료 규제(가격 상한제)를 하면 임차인들은 임대료를 시장에서 결정되는 가격, 즉 '제값' 이하로 지급할 수 있다는 의미입니다. 그러면 사람들은 점점 더 대도시로 들어오려고 합니다. 집 수요가 줄어들어야 근본적으로 임대료가 떨어질 텐데, 세월이 갈수록 오히려 집 수요는 늘어납니다.

이렇게 되면 어떤 일이 일어날까요? 국가가 임대료 규제를 하면 세월이 갈수록 임대시장에서 집 공급은 줄어들고 집 수요는 늘어납니다. 임대시장에서 집은 임차인 수에 비해서 극도로 부족하게 되는 것입니다. 임대시장에서 집 공급은 줄어드는 반면 집 수요는 늘어나게 되므로, 집을 구하려는 임차인 중 극히 일부만이 집을 구할 수 있게 됩니다.

집주인은 여전히 제값을 받을 수 없으니 다양한 방법으로 우월적 지위를 행사합니다. 집주인이 임차인을 고릅니다. 임차인들을 줄을 세워 면접을 보기도 합니다. 아이가 있는 임차인, 반려동물을 기르는 임차인들을 받지 않겠다고 할 수 있습니다. 집주인들이 암암리에 웃돈을 요구하기도 합니다. 임차인들의 고통과 피해가 커지는 것입니다. 경제학자들은 국가가 임대료 규제를 할 때 발생하는 임차인들의 고생과 피해는 그러한 규제를 하지 않을 때보다 훨씬 크다고 합니다. 그래서 경제학자들은 임대료 규제를 도시를 파괴하는 가장 좋은 방법이라고 조롱하기도 합니다.

> "많은 도시에서, 지방정부는 집주인들에게 임대료를 얼마 이하로만 받도록 규제하고 있다. 이 정책의 목적은 가난한 사람들에게 임대료 부담을 덜어 주려는 것이다. 그러나 경제학자들은 대부분 임대료 규제가 가난한 사람들의 삶의 질을 증진하는 데 매우 비효율적이라고 비판한다. 어느 경제학자는 임대료 규제에 대하여 '폭격 이외에, 도시를 파괴하는 가장 좋은 방법'이라 불렀다."★

임대료 규제의 대안: 임대시장 자유화, 일반적 복지

대도시의 집값과 임대료가 비싼 것은 자연스러운 것입니다. 국가는 원칙적으로 시장의 집값과 임대료 규제에서 손을 떼고 시장에서 제

★ N. Gregory Mankiw, 〈Principles of Economics〉, Cengage Learning(8th Edition, 2018), Part 2, Chapter 6-1의 case study 2번(p.115), "In many cities, the local government places a ceiling on rents that landlords may charge their tenants. The goal of this policy is to help the poor by making housing more affordable. Economists often criticize rent control, arguing that it is a highly inefficient way to help the poor raise their standard of living. One economist called rent control 'the best way to destroy a city, other than bombing.'"

값으로 거래되도록 해야 합니다. 그것이 많은 임차인에게 고통을 덜 끼치게 하는 일입니다. 사람들은 알아서 너도나도 집을 짓고 임대하면서 시장에 집을 공급할 것이고, 대도시로 들어오는 수도 줄어들고 집에 대한 수요도 줄어들 것입니다. 국가는 오히려 규제를 풀어 집 공급을 늘리거나 교통을 정비하고 학교나 각종의 시설을 분산하여 집 수요를 줄이는 방법을 생각해 보는 것이 더 좋습니다.

가난한 사람들에게 높은 집값과 임대료가 부담되는 문제에 대하여는 임차인들이 아니라 '가난한 사람들'을 위한 일반적 복지제도를 연구하고 개선하는 것이 좋습니다. 여기서 가난한 사람들이란 반드시 임차인을 말하는 것이 아닙니다. 최고급 주택의 임차인이 평범한 주택의 집주인보다 부유한 경우가 많으므로 그들을 가난한 사람들이라고 볼 수는 없습니다.

보이지 않는 손을 묶어서 집값이나 임대료를 높이지 못하게 하는 임대료 규제는 임차인 대부분을 희생시키는 정책입니다. 가난한지 부유한지 알 수 없는 일부 임차인과 임대료 규제로 피상적 인기를 얻고자 하는 일부 정치인에게만 도움을 줄 뿐입니다.

05
최저임금제

보이지 않는 손은 물건(동산, 부동산)의 가격, 서비스(용역)의 가격, 노동의 가격을 달리 취급하지 않습니다. 보이지 않는 손은 제 마음대로 가격을 내리기도 하는데 노동시장에서 노동의 가격(임금)이 내려가면 근로자들은 불만이 생깁니다. 이때 일부 정치인들은 이러한 불만을 해결해 주고 인기를 얻으려고 합니다. 그들은 단순하게 '근로자가 임금이 내려가는 것을 싫어하는데, 그렇다면 법으로 가격을 내리지 못하게 하면 되잖아?'라고 생각합니다.

경제학자들은 어떻게 생각할까요? 이런 법률을 만들면 사회 전체에 불리한 결과가, 특히 대부분의 미숙련 근로자들이 일자리를 잃는 결과가 발생한다고 말합니다.

최저임금제의 의도

노동시장에서도 보이지 않는 손이 노동의 가격, 즉 임금을 조정합니다. 생산성이 높은 근로자들의 임금은 높이고 생산성이 낮은 근로자들의 임금은 낮춥니다. 근로자가 부족한 산업에서의 임금은 높이고, 근로자가 풍부한 산업에서의 임금은 낮춥니다. 그래서 미숙련 근로자들의 임금은 매우 낮습니다. 숙련되지 않은 노동이므로 생산성이 낮아서 임금이 낮고, 어느 산업에서든 숙련되지 않은 근로자들은 풍부하므로 그래서도 임금이 낮습니다.

그런데 국가가 최저한의 임금액을 정해 두고 사업주에게 그 최저한의 임금액 이하로 임금을 낮추지 못하게 하는 정책(최저임금제)을 채택하면 어떻게 될까요? 미숙련 근로자들은 낮은 임금을 받는 사회적 약자이므로 최저임금제는 사회적 약자를 돕는 좋은 정책 아닐까요?

최저임금제의 결과: 일자리 부족, 근로자 대부분 손해

최저임금제는 노동시장에 미숙련 근로자들을 위한 일자리를 대폭 줄어들게 합니다. 국가가 사업주에게 근로자의 임금을 시간당 1만 원 이하로 내리지 못하게 하는 법률을 만들었다고 생각해 보겠습니다. 사업주는 어떤 근로자의 생산성이 시간당 7천 원 정도에 불과하더라도 그에게 무조건 최저임금 1만 원을 지급해야 합니다.

사업주는 최저임금이 적용되는 미숙련 근로자들에게는 임금을 시장에서 결정되는 가격, 즉 '제값'보다 높은 임금을 지급해야 하는 처지에 서게 됩니다. 사업주도 사업해서 돈을 벌려는 사람들입니다. 임금은 사업주에게 비용입니다. 사업주가 수익을 내려면 제값보다 과한 비용이 들어가는 근로자, 즉 최저임금이 적용되는 미숙련 근로자들을 가능한 한 고용하지 않으려고 하게 됩니다. 해고할 일이 생기면 최저임금이 적용되는 미숙련 근로자들부터 해고하고, 고용할 일이 생기면 차라리 키오스크와 같은 무인 주문 시스템을 설치합니다. 사회 전체적으로 미숙련 근로자들의 일자리(수요)가 대폭 줄어들게 됩니다.

반면에 사회 전체적으로 미숙련 근로자들의 공급은 대폭 증가합니다. 최저임금제는 미숙련 근로자들이 '제값'보다 높은 임금을 받게 해 주는 것입니다. 노인이나 청소년 등 자신의 노동생산성이 1만 원에 미치지 못하는 사람들 모두가 너도나도 미숙련 근로자들의 일자리에 뛰어듭니다. 그다지 가난하지 않은 집안의 청소년들도 용돈을 벌겠다고 취업하려고 하고, 본국에서 최저임금 이하를 받던 외국인들도 미숙련 근로자들의 일자리에 뛰어듭니다. 가뜩이나 미숙련 근로자들 일자리(수요)가 예전보다 훨씬 부족해졌는데, 부족해진 그 일자리를 차지하겠다는 사람들(공급)은 예전보다 훨씬 많아졌습니다.

이렇게 되면 어떤 일이 일어날까요? 시간이 지날수록 미숙련 근로자들 전체의 실업률이 심각해집니다. 최저임금제는 미숙련 근로자들의 일자리(수요)를 대폭 줄이면서, 그 일자리를 구하겠다는 사람들(공급)을 대폭 증가시키므로 미숙련 근로자들 전체에 광범위한 실업을 발생시킵니다. 최저임금제로 일부 미숙련 근로자들은 일자리를 구할 수 있겠지만, 많은 수의 미숙련 근로자들은 일자리를 구할 수 없게 됩니다. 일자리를 잡은 일부 미숙련 근로자들은 자신의 생산성보다 높은 임금을 받게 되어서 좋을지 모르겠으나, 그러한 혜택은 많은 수의 미숙련 근로자들이 실업에 빠진 대가입니다. 일자리가 없는 미숙련 근로자들은 낮은 생산성에 맞는 임금인 7천 원조차 받을 기회가 없어지게 되는 것입니다.

최저임금제의 대안: 노동시장 유연화, 일반적 복지

미숙련 근로자들의 임금이 낮은 것은 자연스러운 것입니다. 보이지 않는 손이 노동의 가격(임금)을 노동의 생산성, 노동시장에서의 수요(일자리), 공급(근로자의 수)에 따라 조정한 것입니다. 무리한 최저임금제를 할 바에야 차라리 자신의 노동을 생산성에 맞는 임금으로 거래할 수 있도록 하는 것이 낫습니다. 그렇게 하면 현재 단 한 푼의 임금도 받지 못하고 있는 미숙련 근로자들에게 일자리가 생길 겁니다.

국가는 근로자들에게 직업훈련의 기회를 마련하여 근로자들이 생산성 자체를 높일 수 있도록 하여야 합니다. 나아가 노동시장 내부에 존재하는 장벽이 있습니다. 노동생산성이 낮음에도 진입장벽 등으로 인해 높은 임금을 유지하는 경우가 많습니다. 거래와 경쟁으로 이러한 장벽을 허물어 시시각각 자신의 노동생산성에 걸맞은 업무를 할 수 있도록 노동시장을 유연하게 만들어야 합니다. 국가가 경제구조를 효율적으로 개선하고 경쟁력 있는 기업을 지원하여 노동시장 내에 일자리가 많아지도록 하는 것도 도움이 됩니다.

가난한 사람들이 낮은 임금으로 곤란해하고 있다면 국가는 미숙련 근로자들이 아니라 '가난한 사람들'을 위한 일반적 복지제도를 연구하고 개선하는 것이 좋습니다. 여기서 가난한 사람들이란 반드시 미숙련 근로자들을 말하는 것은 아닙니다. 가난하지 않은 집안의 청소년들처럼 생계에 걱정이 없으면서 단순히 용돈을 벌기 위해 일자리를 차지하기도 하므로 이들은 가난한 사람들이 아닙니다.

보이지 않는 손을 묶어서 임금을 낮추지 못하게 하는 최저임금제는 미숙련 근로자 대부분을 희생시키는 정책입니다. 가난한지 부유한지 알 수 없는 일부 근로자들과 최저임금제로 피상적 인기만 얻고자 하는 일부 정치인에게 도움을 줄 뿐입니다.

06
가격과 복지

애덤 스미스가 '보이지 않는 손', 즉 시장, 가격, 거래, 경쟁의 역할을 발견한 이후 애덤 스미스의 제자들은 이것을 경제학이라는 학문의 근본 원리로 체계화시켰습니다. 그리고 현대의 거의 모든 국가는 원칙적으로 '보이지 않는 손', 즉 시장, 가격, 거래, 경쟁에 맡겨서 경제를 운영합니다.

보이지 않는 손의 문제: 가난한 사람들의 희생

그런데 지금쯤, 보이지 않는 손에도 뭔가 문제가 생길 듯한 느낌이 들지 않나요? 그렇습니다. 보이지 않는 손은 '가격'으로 자원을 배분한다는 것이 문제입니다. 가격은, 부유한 사람들에게는 별로 부담이 없겠지만 가난한 사람들에게는 부담이 큽니다.

부자들은 생수 가격이 갑자기 치솟아 올라도 생수를 마음껏 살 수 있으며, 대도시의 임대료가 하염없이 올라도 웃돈을 주고 집을 차지할 수 있습니다. 미숙련 근로자일 때에도 최저임금제에 유인당하여 성급히 노동시장에 진입할 필요가 없습니다. 그들은 오랜 시간 교육 비용과 훈련비용을 들여서 자신을 높은 생산성을 가진 사람으로 만든 다음 노동시장에 진입할 수 있습니다. 보이지 않는 손은 결국, 가격에 많은 부담을 느끼는 가난한 사람들을 희생시키면서 자원을 배분하는 제도라는 문제를 가지고 있습니다.

보이지 않는 손의 보완: 보이지 않는 손을 방해하지 않는 복지정책

경제학자들은 보이지 않는 손의 이러한 문제를 해결하기 위하여 국가가 재정이 허락하는 한 가난한 사람들에게 보조금을 지원하는 방식의 복지제도를 마련하는 것이 좋겠다고 조언합니다. 예를 들어 어떤 지역에 생수가 부족해지면 보이지 않는 손에 의해 생수 가격이 치솟게 될 것인데, 이때 국가는 가격을 올리지 못하게 하는 것이 아니라, 복지제도를 마련해 두어 가난한 사람들에게 비싸진 생수를 살 수 있도록 보조금을 지급하자는 것입니다. 복지제도를 마련하여 보조금을 지급하는 방식의 좋은 점은 보이지 않는 손이 하는 역할, 즉 가격을 올렸다가 내렸다가 하면서 거래와 경쟁을 유도하는 역할을 방해하지 않는 것입니다.

보이지 않는 손에 대한 도전: 사회주의의 실패

한때 보이지 않는 손에 도전하고자 했던 사회주의 국가들은 자원 배분을 보이지 않는 손의 가격에 의할 것이 아니라 국가가 계획을 잘 세워서 적절히 배급하면 된다고 믿었던 적이 있었습니다. 그러나 그것은 잘못이었습니다. 국가는 어떤 물건이 누구에게 얼마나 필요한지, 어떤 물건을 어디서 어떻게 구할 수 있는지를 정확히 알아낼 수 없었습니다. 국가가 기업가들에게 어느 정도를 생산하라고 명령해도 사람들은 따르지 않았습니다. 반면에 보이지 손은 시장에서 가격을 조금만 상승시키면 돈을 벌겠다는 사람들이 너도나도 누가 얼마나 필요한지 찾아내고 그 물건을 어디서든 어떻게든 구해서 거래합니다.

보이지 않는 손에 대한 도전: 베네수엘라의 실패

아직도 보이지 않는 손에 도전하는 국가들이 있습니다. 2000년대에 들어서 베네수엘라는 가난한 사람들을 구제하겠다는 명분을 내걸고 상품시장과 노동시장에서 가격 규제를 하겠다고 했습니다.

상품시장에서는 강력한 가격 상한제가 시행되었습니다. 기업은 생산원가에 대비하여 일정한 비율 이상으로 가격을 올리지 못하게 하였습니다. 어떻게 되었을까요? 기업은 물건을 만들어도 '제값'을 받지 못하기 때문에 차라리 물건을 만들지 않는 것이 현명하다고 생각했습니다. 많은 기업이 상품 공급을 포기하고 문을 닫았습니다. 식료품 진열대에서는 기본적인 상품인 고기, 빵, 우유조차 보기가 드물게 되었습니다.

노동시장에서는 강력한 가격 하한제가 시행되었습니다. 최저임금제에 따라 생산성이 부족한 사람이라도 매우 높은 수준의 임금을 받도록 하였습니다. 어떻게 되었을까요? 모든 기업은 고용을 꺼렸고, 일자리가 부족해져 사회는 실업이 만연한 상태가 되었습니다. 미숙련 근로자들은 일거리는 찾아 헤매고, 자국을 떠나 외국에서 일자리를 갖는 것을 삶의 목표로 삼았습니다.

경제학자들은, 베네수엘라의 실패는 보이지 않는 손에 대한 무모한 도전의 대가이며, 가장 큰 희생자는 바로 가난한 사람들이라고 합니다.

"베네수엘라 사람들은 국영 상점에서 몇 시간째 줄을 섰더라도 대개 아무것도 사지 못하고 빈손으로 나온다. 사람들은 상점에 물건이 매우 부족하다고 말한다. 물건들은 암시장에서 매우 높은 가격으로 거래되고 있다. 차베스의 가격 규제 정책은 그가 돕겠다고 말했던 대상

인 바로 중·저소득층 사람들에게 가장 큰 피해를 주고 있다."★

보이지 않는 손이 가격에 부담을 느끼는 가난한 사람들을 희생시키면서 자원을 배분하는 것은 문제입니다. 그러나 가난한 사람을 돕겠다고 보이지 않는 손을 제한하거나 폐기하는 것은 매우 잘못된 정책입니다. 국가는 가난한 사람들을 위하여 복지제도를 설계하고 시행해야 합니다. 그리고 그러한 복지제도는 가능한 한 보이지 않는 손에 방해가 되지 않아야 합니다. 보이지 않는 손의 역할과 복지제도의 역할을 서로 혼동하지 말고, 각각 별개로 생각하며 서로 조화롭게 기능하도록 해야 합니다.

★ Paul Krugman and Robin Wells, 〈Microeconomics〉, Worth Publishers(4th Edition, 2015), Chapter 5, Economics in Action(p.140), "Venezuealans, queuing for hours to purchase goods at state-run stores, often come away empty handed. Or, as a one shopper, Katherine Huga, said, 'Whatever I can get. You buy what they have.' While items can often be found on the black market at much higher prices, Chavez's price-control policies have disproportionately hurt the lower-and middle-income consumers he sought to help."

07
경쟁의 무기

인간은 아직 보이지 않는 손보다 더 좋은 대안을 발견하지 못했습니다. 지금의 세상은 좋든 싫든, 보이지 않는 손이 지배하고 있습니다. 조금 걱정됩니다. 보이지 않는 손이 지배하는 이 비정한 세상에서 우리는 과연 살아남을 수 있을까요? 객관적으로 보았을 때 남들보다 특별히 잘하는 것이 없어도 괜찮을까요?

절대우위와 비교우위

경제학자들은 크게 걱정하지 말라고 합니다. 경제학자 리카도^{Ricardo}의 비교우위^{comparative advantage} 이론에 의하면 남들보다 특별히 잘하는 것이 없어도 자신이 할 수 있는 것 중 비교적 잘하는 것에 집중하면 세상의 거래와 경쟁에 참여할 수 있다고 합니다. 믿기지 않는가요?

애덤 스미스도 거래와 경쟁을 경쟁자들 사이에 승부를 겨룬다는 의미로만 생각해서 각자가 남들보다 객관적으로 잘하는 것(절대우위)이 있어야 거래할 때 이익이 생긴다고 보았습니다(이것을 절대우위이론이라고 합니다). 그러나 리카도는 애덤 스미스와 생각이 조금 달랐습니다. 그는 거래와 경쟁에 대하여 승부를 겨룬다는 의미보다는 '세상의 분업에 참여한다'라는 의미로 보았습니다. 각자가 자신이 할 수 있는 것 중 비교적 잘하는 것(비교우위)에 집중하면, 비록 그것이 남들보다 못하는 수준이라고 할지라도 거래와 경쟁에 참여할 수 있다고 주장했습니다(이것을 비교우위 이론이라고 합니다).

오늘날의 경제학자들은 이에 관하여는 모두 리카도의 비교우위 이론이 옳다고 생각합니다. 그리고 그의 이론은 오늘날 국제무역(거래)의 원인과 이익을 설명하는 가장 기본적인 이론이 되었습니다.

리카도가 들었던 사례를 직접 보겠습니다. 포르투갈은 포도주와 옷감을 모두 영국보다 잘 만듭니다. 그런데 둘 중 포도주를 더 잘 만듭니다. 이 경우 포르투갈은 포도주와 옷감 모두 생산하는 것이 현명할까요? 아닙니다. 포르투갈은 자신이 더 잘 만드는 포도주 생산에 집중하여 그것을 영국과 거래하여 많은 이익을 얻은 후, 그 이익으로 영국과 거래하여 옷감을 사면, 포르투갈이 스스로 만드는 옷감보다 더 많은 옷감을 가질 수 있습니다. 포르투갈은 자신이 더 잘 만드는 포도주 생산에만 오로지 집중하여 큰 이익을 내고 그 돈을 들고 거래에 나서는 것이 현명하다는 것입니다. 포르투갈보다 옷감을 못 만드는 영국도 옷감을 팔 수 있으므로 서로 이익이 됩니다.

"포르투갈은 옷감을 90명의 노동으로 만들 수 있기는 하지만, 옷감을 100명의 노동으로 만드는 영국으로부터 수입하는 것이 좋을 것이다. 왜냐하면, 포르투갈이 자본을 모두 포도주 생산에 투여하면 스스로 생산하는 것보다 옷감을 훨씬 더 많이 가질 수 있는 돈을 벌기 때문이다. 포르투갈은 자본 일부라도 굳이 포도주 생산이 아니라 옷감 생산에 투여할 필요가 없다."★

자기가 할 수 있는 것 중 비교적 잘하는 것에 집중하기

당신은 가수이면서도 요리에 재능이 있다고 하겠습니다. 한 시간 공연당 100만 원을 벌고, 한 시간의 요리를 하면 10만 원 가치의 음식을 만들 수 있습니다. 반면에 저는 노래는 아예 못 하고, 한 시간의 요리를 하면 5만 원 가치의 음식을 만들 수 있습니다. 당신은 공연과

★ Ricardo, David. 〈On the Principles of Political Economy and Taxation〉, John Murray(1821), Cambridge University Press(1951), chapter 7, 16번째 문단, "Though she could make the cloth with the labour of 90 men, she would import it from a country where it required the labour of 100 men to produce it, because it would be advantageous to her rather to employ her capital in the production of wine, for which she would obtain more cloth from England, than she could produce by diverting a portion of her capital from the cultivation of vines to the manufacture of cloth."

요리 두 분야 모두에서 객관적으로 저보다 잘하는데, 단지 요리만 조금 할 줄 아는 저와 거래할 필요가 있을까요? 거래하면 서로 이익일까요?

이때에도 서로 거래하는 것이 이익입니다. 우리가 두 시간 동안 일한다고 가정하고, 만약 우리가 거래하지 않으면 두 시간 동안 당신은 110만 원, 저는 10만 원의 가치만 생산하게 됩니다. 그러나 우리가 거래하기로 하고, 당신은 공연을 두 시간 하여 200만 원을 벌고, 그중 20만 원으로 저를 고용하여 제게 두 시간 동안 10만 원 가치의 음식을 만들게 하면, 두 시간 동안 당신은 180만 원을 벌고, 저는 20만 원을 법니다. 당신은 나와 거래하지 않을 때 110만 원을 벌지만, 나와 거래를 하면 180만 원을 벌게 됩니다. 나도 당신과 거래하지 않으면 10만 원을 벌지만, 당신과 거래를 하면 20만 원을 법니다. 거래를 하면 서로 훨씬 이익입니다.

왜 그럴까요? 당신은 한 시간 동안 차라리 공연을 더 해서 100만 원을 벌고 그 돈으로 나와 거래해서 음식을 얻으면 되기 때문입니다. 당신은 한 시간 동안 10만 원 가치의 음식을 만들려면 100만 원을 포기해야 하기 때문입니다(이것을 '기회비용'이라고 합니다). 당신은 당신이 할 수 있는 것 중 비교적 잘하는 것인 공연에 집중(특화)하고, 저는 제가 잘하는 것 중 비교적 잘하는 것인 요리에 집중(특화)하여 서로 거래를 하면 됩니다. 제가 공연과 요리 두 분야 모두에 대해 객관적으로 당신보다 못하더라도 우리는 서로 거래할 수 있습니다.

우리는 세상의 경쟁과 거래에 참여할 자격이 있다

당신이 잘하는 것 중 비교적 잘하는 것은 무엇인가요? 우리는 우리가 할 수 있는 것 중 비교적 잘하는 것(비교우위)에 집중하여 세상의 분업에 참여할 수 있습니다.

세상의 거래와 경쟁에 참여하기 위하여 반드시 남들보다 객관적으로 잘하는 것(절대우위)까지 준비할 필요는 없습니다. 비록 그것이 지금은 객관적으로 남들보다 못하더라도 세상은 당신에게 거래의 기회를 줄 겁니다. 거래와 경쟁은 경쟁자들 사이에 승부를 겨룬다는 의미도 있지만, 리카도의 말처럼 세상의 분업에 참여하는 의미도 있기 때문입니다. 세상에는 무수히 많은 거래의 기회가 있습니다. 그리고 누구나 이 세상의 거래에 참여할 자격이 있습니다.

물론 자기가 할 수 있는 것 중 비교적 잘하는 것을 점점 더 잘하게 되어 그것이 남들보다 객관적으로 잘하는 것(절대우위)이 된다면 당신은 거래를 통해 더 많은 이익을 얻을 수 있을 것입니다. 그때가 되면, 당신은 누구와의 거래에서도 '거절할 수 없는 제안'을 할 수 있을 겁니다.

케인즈주의

"장기적으로 결국 어떻게 될 것인지는
현재의 문제에 대한 잘못된 지침이다.
장기적으로 결국, 우리는 죽을 운명일 뿐이지 않은가."

- 케인즈 -

01
초원

당신이 사자로 태어났다고 생각해 봅시다. 사자로 태어났으니 사자의 생존방식으로 살아야 합니다. 초원의 어느 곳에 얼룩말이 돌아다니는지 알아야 합니다. 초원의 큰 나무 아래에 물웅덩이가 있습니다. 물웅덩이 근처를 어슬렁거리면 얼룩말이 지나가는 것을 발견할 수 있습니다. 이곳에 언제 비가 오는지, 언제 얼룩말들이 지나가는지 잘 알아 두어야 합니다. 이 초원은 사자인 당신의 서식지입니다.

당신은 인간으로 태어났습니다. 인간으로 태어났으니 인간의 생존방식으로 살아야 합니다. 사자가 얼룩말을 사냥하듯 우리는 '돈'을 사냥해야 합니다. 돈을 사냥해 와야 먹을 것, 입을 것, 쉴 곳을 구할 수 있습니다. 얼룩말이 초원에서 돌아다니듯, 우리의 주변에 돈이 흘러 다니고 있습니다. 돈이 흘러 다니는 이곳, 바로 '경제'가 인간의 서식지입니다. 인간으로 살아남으려면 우리의 서식지, 경제에 대해 알아야 합니다.

애덤 스미스는 약 250년 전인 1776년 〈국부론The Wealth of Nations〉에서 우리의 서식지인 경제에 관하여 근본적인 설명을 한 적이 있습니다. 그는 경제를, 사람들이 시장에서 가격을 기준으로 보이지 않는 손에 의해 자유롭게 거래하고 경쟁하며 사는 곳이라 설명하였습니다. 사람들은 오랫동안 우리의 서식지, 경제에 대한 설명으로 그의 '보이지 않는 손'을 철석같이 믿고 살았습니다.

그런데 애덤 스미스의 〈국부론〉이 출간된 지 약 150년 후인 1929년에 이르자 애덤 스미스의 설명에서 무엇인가 중요한 것이 빠져 있는 것은 아닐까 생각하게 하는 사건이 발생했습니다. 1929년 미국과 유럽의 각 국가에 대공황Great Depression이 발생한 것입니다. 대공황이란 각국의 수많은 기업이 동시에 생산을 대폭 줄이면서 세계적인 경기 침체와 실업이 발생하였던 때를 말합니다. 당시 경제학자들은 '보이지 않는 손'이 물건 가격(물가)을 내려서 사람들이 물건을 사게 할 것이며 또한 노동 가격(임금)을 내려서 기업들이 고용을 늘릴 것이므로, 조금만 기다리면 자연히 경기는 회복되고 실업은 해소될 것이라고 예상했습니다. 그러나 이상하게도, 경제는 더 나빠졌습니다. 더욱더 심각했던 것은, 아무도 왜 그렇게 되고 있는지 몰랐습니다.

이때 케인즈라는 경제학자가 매우 독특한 이론을 세상에 내어놓았습니다. 그는 1936년 책 〈일반이론The General Theory of Employment, Interest and Money〉에서, 보이지 않는 손이 알아서 할 것이라고 믿어 왔던 경제에는 일반적으로 소비가 부족(유효수요 부족)해지는 현상이 있다고 지적하였습니다. 그는, 우리가 무턱대고 시장의 보이지 않는 손만 믿고 가만히 있어서는 안 되며, 정부가 적극적인 역할을 하여 시장에 일반적으로 부족한 소비를 진작시켜야 한다고 주장했습니다(이것을 '유효수요 부족' 이론이라고 합니다).

케인즈의 주장이 맞았을까요? 그가 맞았습니다. 이제 현대 모든 국가는 근본적으로 애덤 스미스의 '보이지 않는 손' 이론과 케인즈의 '유효수요 부족' 이론에 기반하여 국가 경제를 운영합니다. 국가는 시장에서 보이지 않는 손에 의해 가격이 변동하고 이에 따라 거래하고 경쟁하도록 하게 하면서도, 한편으로는 시장의 상황을 지켜보면서 경기의 변동에 따라 시장에 소비가 부족하다고 판단하는 경우 주저하지 않고 재정정책, 통화정책을 시행합니다.

케인즈의 등장 이래 경제학의 분야는 이제 두 개로 나누어졌습니다. 애덤 스미스의 보이지 않는 손에 관한 연구, 즉 시장 경제에 관한 연구를 하는 미시경제학micro-economics과 케인즈의 유효수요 이론에 관한 연구, 즉 국가 경제에 관한 연구를 하는 거시경제학macro-economics이 그것입니다. 현대 경제학자들은 애덤 스미스 이후 가장 위대한 경제학자가 케인즈라는 것을 아무도 부인하지 않으며, 거시경제학 내에서는 그의 이론을 특별히 신뢰하는 학자들을 케인즈주의자 ^{Keynesian}라고 부릅니다. 현대 국가의 경제를 이해하기 위해서는 거시경제학과 케인즈주의를 반드시 알아야 합니다. 자, 케인즈의 주옥같은 이론이 당신을 기다립니다.

02
국가 경제의 이해

어느 날 갑자기 당신에게 국가 경제를 운영해 보라고 제안한다면 당신은 어떻게 하겠습니까? 복잡한 일 같아 거절하고 싶은 생각이 들 겁니다. 그러나 거절하기 전에 잠깐, 이 글을 읽어 보세요. 금방 용기를 낼 수도 있을 겁니다.

가정 경제: 절약

먼저, 가정 경제를 운영하듯 국가 경제를 운영해 보면 어떨지 생각해 볼 수 있습니다. 가정의 경제에서는 가족들이 직장을 다니거나 사업을 하면서 일단 열심히 돈을 벌어야 합니다. 가정 경제는 이렇게 번 돈을 아끼고 모으는 것이 중요합니다. 소비를 자제하고 생활에 필요한 물건만 사면서, 나머지 돈을 저축하여 재산을 점점 불려야 합니다. 가정 경제는 이렇게 가능한 한 '절약'하는 방법으로 운영합니다.

국가 경제: 소비

국가 경제도 이렇게 하면 될까요? 국민 모두에게 열심히 직장을 다니거나 사업을 하여 돈을 벌라고 하고, 이렇게 번 돈을 가능한 한 소비하지 말고 '절약'해서 살라고 하면 국민의 재산은 풍족해지고 여기서 세금도 많이 낼 수 있어서 국가 경제가 번영하게 되는 것은 아닐까요? 아닙니다. 이렇게 해서는 큰일 납니다. 국가 경제는 머지않아 망할지도 모릅니다. 어떻게 보면 국가 경제는 가정 경제와는 정반대로 운영해야 합니다. 가정 경제와 달리 국가 경제에서는 국민에게 가능한 한 '소비'하도록 해야 합니다.

왜 그럴까요? 가정 경제와 국가 경제에는 결정적인 차이가 하나 있습니다. 가정 경제에서는 가족이 번 돈으로 물건을 '소비'하면 그 돈은 가정 경제에서 사라지고 맙니다. 그러나 국가 경제에서는 국민 한 사람이 번 돈으로 물건을 '소비'하면 그 돈이 사라지는 것이 아니고, 국가 경제 안에 남아서 다른 사람에게 이전됩니다. 물건을 소비한 국민의 돈은 물건을 판매한 다른 국민에게 이전되어 새로운 국민에게 '소득'의 형태로 남아 있습니다. 내가 옷가게에서 돈을 내고 옷을 소비하면, 가정 경제에서는 그 돈이 사라지고 말지만, 국가 경제에서는 그 돈만큼 또 다른 국민인 옷가게 주인의 소득이 됩니다. 어느 한 국민이 소비한 돈은 국가 경제에서 사라지지 않습니다.

그런데 여기서 끝나지 않습니다. 국가 경제에서 한 국민이 얻은 소득은 다시 소비로 변화합니다. 소득을 얻은 사람이 다시 소비하기 때문입니다. 옷가게 주인은 퇴근할 때 마트에 들러서 자신이 옷을 팔아 얻은 소득으로 식료품을 삽니다. 이때 옷가게 주인의 돈은 소비를 통해 다시 마트로 이전되어 마트의 소득으로 남게 됩니다. 여기서 또 끝이 아닙니다. 마트는 식료품을 팔아 얻은 이 소득으로 직원에게 월급을 지급합니다. 마트는 직원의 노동을 소비한 것입니다. 여기서도 끝이 아닙니다. 마트 직원이 월급을 받아 얻게 된 소득은, 마트 직원이 주말에 서점에 가서 책을 소비하면 다시 서점 주인의 소득으로 이전됩니다.

국가 경제 안에서는 한번 소비가 발생하기만 하면 그 이후에 소비와 소득이 연쇄적으로 발생하는 것입니다. 국민 각자는 때로는 소비자로서, 때로는 소득자로서 역할을 바꾸어 가며 국가 경제에 돈이 돌아가게 합니다.

국가 경제와 절약의 역설

만약 국가 경제에서 가정 경제에서처럼 국민이 모두 '절약하는 생활을 하면 어떻게 될까요? 내가 옷가게에서 옷을 사지 않으면 옷가게 주인은 소득이 발생하지 않습니다. 충분히 소득을 올리지 못한 옷가게 주인은 퇴근할 때 마트에 들러서 식료품을 충분히 사지 못할 겁니다. 그러면 마트도 직원에게 줄 월급을 줄이거나 일부 직원은 해고해야 할 수 있습니다. 마트 직원은 월급이 줄어들거나 해고라도 되면 주말에 서점에서 책을 사고 싶어도 사지 못할 겁니다. 국가 경제 안에서는 국민이 소비를 줄이고 절약을 하면 그 이후에 소비와 소득이 연쇄적으로 줄어드는 악순환에 빠지고, 국가 경제는 점점 침체하게 됩니다. 가정 경제와 달리, 국가 경제에서는 절약이 미덕이 아닙니다. 절약할수록 국가 경제는 침체합니다. 경제학자들은 국가 경제에서의 이러한 현상을 '절약의 역설paradox of thrift'이라고 부릅니다.

국가 경제를 이해해 보니 어떻습니까? 국민 모두에게 절약하지 말고 충분히 소비하라고 격려하기만 하면 되는 것이므로 이참에 국가 경제를 운영해 볼 수도 있겠다는 자신감이 생기지 않나요? 자, 그렇다면 당신은 이제 '케인즈주의'를 공부할 준비가 된 것입니다.

03
유효수요 부족 이론

우리는 국가 경제의 운영 방법을 알았습니다. 국민에게 충분히 소비하라고 격려만 잘하면, 국민은 서로서로 소득을 증가시키면서 국가 경제를 번영시킬 겁니다. 자, 그렇게 해볼까요?

이때 케인즈는 이런 생각에 찬물을 끼얹습니다. 그는 국가 경제의 현실에서는 국민 각자가 충분히 소비하는 일은 좀처럼 일어나지 않을 것이라고 선언합니다. 당황스럽습니다. 왜 그럴까요? 케인즈의 설명을 들어 보겠습니다.

국가 경제에서는 소비가 부족하다

우선 개인은 충분히 소비하지 않습니다. 일단 여기서 충분히 소비하는 것은, 소득 전부를 소비하는 것이라고 가정하겠습니다. 개인은 살면서 장래에 무슨 일이 있을지 모르기 때문에 좀처럼 소득 전부를 써 버리지는 않습니다. 소득 전부를 소비하지 않고 그 일부를 저축합니다.

무엇보다, 국가 경제에서 기업이 충분히 소비하지 않습니다. 즉 기업은 소득 전부를 소비하지 않습니다. 기업은 물건을 생산해야 하는 존재이므로 기업이 소비한다는 것은 물건의 생산을 위해 '기계'를 소비(구매)한다는 것을 의미합니다. 기업이 기계를 소비하는 것을 바로 '투자'라 부릅니다. 거시경제학에서 말하는 투자는, 장차 가격이 오르길 기대하며 주식이나 부동산을 사는 것이 아니라, 기업이 생산을 위해 기계를 구매(소비)하는 것을 말합니다.

기업이 소비(투자)하는 경우는 첫째, 은행의 이자율이 낮거나 둘째, 장래 경기에 대한 전망이 좋을 때입니다. 이자율이 낮으면 은행에서 돈을 빌리기 쉽기 때문입니다. 장래 경기에 대한 전망도 매우 중요합니다. 장래 경기에 대한 전망이 좋으면 어느 정도의 이자율이라도 감당할 각오를 하고, 장래 경기에 대한 전망이 좋지 않으면 은행의 이자율이 아무리 낮아도 선뜻 기계를 사는 소비, 즉, 기업은 투자하지 않습니다.

이렇게 개인은 장래 무슨 일이 벌어질지 몰라 소득 일부를 저축하므로 충분히 소비하지 않고, 기업은 장래 경기에 대한 전망이 낮으면 충분히 소비(투자)하지 않습니다. 그래서 국가 경제는 일반적으로 소비가 부족한 상태에 있습니다.

소비가 부족하면 실업이 발생한다

그런데 개인이나 기업이 충분히 소비하지 않으면, 국가 경제의 운영 원리에서 확인했듯이 국민이 소비자와 소득자로 역할을 바꾸어 가며 서로서로 소득을 발생시키는 일이 줄어듭니다. 사람들 사이의 소비와 소득이 연쇄적으로 점점 줄어드는 악순환이 발생하는 것입니다. 이러한 악순환 속에서 국가 경제에는 매우 중요한 문제가 발생합니다.

그것은 실업입니다. 개인이나 기업이 소비(투자)하지 않기 때문에 기업은 생산을 줄일 수밖에 없고, 기업이 생산을 줄이다 보면 고용을 줄일 수밖에 없습니다. 기업이 고용을 줄이는 것이 곧 실업입니다. 사회에는 점점 실업이 만연하게 됩니다. 사회에 실업이 만연하면, 국민이 월급이라는 소득을 얻지 못하기 때문에 소비를 더 줄일 수밖에 없습니다. 국가 경제에서 소비와 소득이 점점 줄어드는 악순환은 더욱더 악화되는 것입니다.

이러한 현상을 지적한 사람이 바로 케인즈입니다. 개인은 충분히 소비하지 않는 성향이 있고, 기업도 장래 경기에 대한 전망이 낮을 때는 충분히 소비(투자)하지 않는 경우가 많아, 국가 경제에서는 일반적으로 소비(수요)는 부족하게 될 것이며, 이로 인해 사회는 항상 실업이 만연할 경향과 위험을 겪는다는 이론이 바로 케인즈의 유명한 '유효수요 부족' 이론입니다. 간단히 '수요부족' 이론이라고 부르기도 합니다. 케인즈는 자신이 말하는 수요란 단순히 욕구에 머무르는 수요가 아니라 현실의 소비로 이어지는 '실제적' 수요라는 뜻에서 유효effective라는 단어를 붙였습니다.

> "소비의 성향과 투자의 정도가 유효수요의 부족을 초래하게 되면, 실제의 고용 수준은 실질임금 기준으로 잠재적으로 제공될 수 있는 노동 공급에 미치지 못해 실업이 발생한다."[★]

실업은 보이지 않는 손이 해결할 수 없다

케인즈 이전의 경제학자들은 국가 경제에 소비가 충분하지 않더라

[★] John Maynard Keynes, 〈The General Theory of Employment, Interest and Money〉, Macmillan(1936), Chapter 3, Ⅱ의 7번째 문단, "If the propensity to consume and the rate of new investment result in a deficient effective demand, the actual level of employment will fall short of the supply of labour potentially available at the existing real wage."

도, 보이지 않는 손이 물건 가격(물가)을 내릴 것이고 그래서 재고는 모두 소비가 될 것이며 기업은 다시 생산을 위해 근로자를 고용하여 기계를 소비(투자)하게 될 것이라고 보았습니다. 한편으로 실업 문제가 발생해도 보이지 않는 손이 노동 가격(임금)을 내릴 것이어서 기업은 임금이 낮아졌으므로 근로자를 다시 고용할 것으로 예상했습니다. 그리고 근로자들은 소비를 시작할 것으로 보았습니다. 즉, 국가 경제에 소비가 부족하더라도 보이지 않는 손에 의해 다시 충분한 소비가 발생할 것으로 예상했습니다.

그러나 케인즈는 생각이 달랐습니다. 아무리 물건 가격이 내려가도 '장래 경기에 대한 전망'이 낮으면 기업은 기계를 소비(투자)하지 않을 것이므로 생산을 위해 근로자를 고용하지 않을 것이라고 보았습니다. 한편으로 근로자들은 임금이 내려가는 것에 대한 저항이 크기(임금의 경직성) 때문에 임금은 그다지 내려가지도 않을 것이고, 다만 현재의 다소 높은 임금 수준에서는 당연히 근로자 일부만 고용될 것이므로 사회에 실업자는 여전히 많을 것이라 보았습니다.

케인즈는 사회의 실업 문제는 '보이지 않는 손'이 절대로 해결할 수 없다고 하였습니다. 1929년부터 발생한 대공황Great Depression이 바로 그 대표적인 예입니다. 미국과 유럽 각국의 많은 기업이 생산을 줄이게 되면서 사회에 상당한 수준의 실업이 발생하였지만, 실업 상태는 회복되는 것이 아니라 오히려 점점 더 악화되었습니다.

유효수요 부족 이론이 일반이론이 되다

세월이 지나며 경제학자들은 케인즈의 설명이 정확했다는 것을 점차 알게 되었습니다. 그리고 이제 거의 모든 경제학자는 케인즈의 이론에 기반하여 국가 경제를 이해합니다. 케인즈는 유효수요의 부족으로 인하여 실업의 발생이 국가 경제에서 예외적인 것이 아니라 일반적인 현상이라고 보아 자신의 책 제목을 〈일반이론〉이라고 하였습니다. 결국, 케인즈의 책 제목 그대로 케인즈의 이론은 이제 국가 경제의 일반이론이 되었습니다.

04
재정정책과 소비

국가 경제에 소비가 부족해지면 국민의 소비와 소득은 점점 줄어들고 실업 문제가 만연해진다는 것을 알았습니다. 그렇다면 국가 경제의 소비 부족(유효수요 부족)을 해결할 방법은 없을까요? 우리는 어떻게 해야 할까요?

케인즈가 방법을 제시했습니다. 케인즈는 정부가 직접 나서서 소비하면 된다고 했습니다. 정부가 직접 나서서 '소비'하는 행동을 재정정책이라고 부릅니다. 재정財政이란 본래 '정'부의 '재'산을 말합니다. 정부의 재산으로 소비하는 것이므로 재정정책이라고 부르는 것입니다.

정부라는 '큰 손' 소비자

정부는 스스로가 '소비자'입니다. 보통의 소비자가 아니라 '큰 손'입니다. 정부는 국방, 건설, 교육, 복지 등의 모든 분야에서 물건과 서비스를 구매해서 소비합니다. 정부는 국방과 치안을 위해 다양한 종류의 무기를 구매합니다. 군대와 경찰 조직을 운영하는 데에 적지 않은 돈이 들어갑니다. 정부는 도로, 철도, 다리, 공항 등을 건설하고 이렇게 건설한 모든 시설을 운영해야 합니다. 국공립학교를 설립해서 교사를 채용하고 학교에 물건과 서비스를 갖춰 두어야 합니다. 사회적 약자를 위한 복지제도를 운영하는 데 필요한 물품과 서비스도 한두 가지가 아닙니다.

정부의 소비: 승수효과

모든 소비가 그렇듯 정부의 소비는 그 단계에서 끝나는 것이 아닙니다. 정부가 하는 소비 역시 누군가에게 소득이 되고, 이렇게 소득을 얻은 누군가는 이 돈으로 다시 소비하는 연쇄효과를 일으킵니다.

예를 들어 정부가 도시와 도시 사이에 철도를 연결하고 기차도 구매할 결정을 했다고 생각해 보겠습니다. 여러 건설회사가 철도공사에 참여하면서 많은 자재를 구입하고 근로자를 고용하게 될 것입니다.

정부가 기차를 만드는 회사와 계약을 체결했다면 기차를 만드는 회사는 기차 제작에 필요한 기계와 부품을 만드는 회사와 다시 계약을 체결합니다. 건설회사나 기계회사의 근로자들이 월급을 받을 수 있게 되면 옷가게에서 옷을 살 것이고 마트에서 식료품을 사거나 서점에서 책을 사게 될 겁니다. 정부의 이러한 소비는 추후 소득과 소비의 선순환을 일으켜 연쇄적으로 더 많은 소득을 만듭니다. 이것을 승수효과라고 부릅니다.

정부라는 '큰 손'의 소비자가 과감한 소비(재정정책)를 하였고, 이것이 승수효과를 일으켜 국가 경제에 소비의 부족을 해소하는 데에 많은 기여를 합니다. 케인즈는 이러한 이유로 정부의 적극적인 역할을 지지했습니다.

"나는 정부 기능의 확대를 옹호한다. 정부 기능의 확대는 현대 국가 경제의 파괴를 회피할 수 있는 유일하고도 실질적인 수단이며, 개인의 창의적 활동을 성공적으로 지원할 수 있는 적절한 조건이기도 하기 때문이다."[★]

[★] John Maynard Keynes, 〈The General Theory of Employment, Interest and Money〉, Macmillan(1936), Chapter 24, III의 6번째 문단, "I defend it(the enlargement of the functions of government), on the contrary, both as the only practicable means of avoiding the destruction of existing economic forms in their entirety and as the condition of the successful functioning of individual initiative."

정부의 소비가 기업의 소비(투자)에 미치는 영향

정부의 소비는 승수효과만 발생시키고 끝나는 것이 아닙니다. 정부의 소비는 기업의 소비(투자)를 촉진하고 소비(투자) 의욕을 높이는 역할도 합니다.

정부가 재정정책을 펼쳐서 국가 전체에 걸쳐 도로망, 전력망, 통신망, 정보망 등의 기반시설infrastructure을 건설하였다고 생각해 보겠습니다. 이러한 기반시설이 잘 갖추어지면 기업들이 이 기반시설을 이용할 수 있어서 기업의 생산비용은 전체적으로 낮아질 수 있습니다. 기업은 생산비용이 낮아지면 기계를 소비(투자)하여 생산하겠다는 생각을 보다 적극적으로 할 수 있습니다. 정부가 교육이나 연구에 관심을 가지고 적절하고 충분하게 지출하면, 장차 제대로 교육을 받아서 생산성이 높아진 근로자들이 많아집니다. 그렇다면 기업은 시장에 배출된 높은 생산성의 근로자들을 고용하여 매우 좋은 품질의 상품을 낮은 가격에 생산할 수 있다고 생각하게 됩니다. 이렇게 정부의 소비는 여러모로 기업의 투자를 촉진하는 역할을 합니다.

정부의 소비가 무조건 위와 같은 효과를 일으키는 것은 아닙니다. 정부의 소비가 효율적으로 이루어지지 않으면 오히려 역효과가 발생할 수도 있습니다. 이른바 소득 주도 성장론wage-led growth theory을 예를 들어 생각해 보겠습니다. 정부가 정책적으로 기업이나 공공기관 근로자들에게 객관적인 생산성 이상으로 근로소득을 지급하게 하면, 그들이 국가 경제 내에서 소비를 많이 하게 되어서 국가 경제에 소비가 진작되고 경제가 성장한다는 이론입니다. 이렇게 하면 국가 경제에서 과연 소비가 증가하게 될까요?

거시경제학의 관점에서 볼 때 기업이 생산성 이상으로 비싼 비용을 치러야 하는 상황이 발생한 것입니다. 정부의 그와 같은 정책에는 근로소득이 기업에게는 생산비용이라는 것이 간과되었습니다. 생산비용이 비싸게 되어 기업이 군이 기계를 소비(투자)하여 생산을 확대하겠다는 생각을 하지 않습니다. 국가 경제에서 기업의 소비(투자)가 줄어들고, 이에 따라 기업은 고용을 줄일 것이므로 오히려 실업률이 높아집니다.

미시경제학의 관점에서도 이것은 최저임금제와 유사한 효과를 낳습니다. 기업은 생산성 이상으로 생산비용(근로소득)을 지급해야 하는 미숙련 근로자들의 고용을 줄이게 됩니다. 실업 해소에 도움이 되지 않을 겁니다. 정부는 경기회복과 경제성장에 도움이 되는지 철저히 연구하고 매우 효율적인 기준으로 소비를 해야 합니다.

05
통화정책과 소비

정부가 직접 나서서 소비하는 재정정책 이외에 정부가 국가 경제의 소비를 촉진하는 정책이 한 가지 더 있습니다. 정부는 기업이 기계를 더 많이 소비(투자)하도록 '통화량'을 늘리는 정책을 시행하기도 하는데 이것을 통화정책이라고 합니다. 통화란 돈을 말합니다. 시중에 돈의 양을 조정하는 것이어서 통화정책이라 부릅니다.

통화량 증가: 이자율 하락과 국채 매입

통화정책은 이자율에 관한 정책이라고 이해하면 됩니다. 통화량은 이자율과 밀접한 관련이 있기 때문입니다. 통화량이 많아지면 돈을 쉽게 빌릴 수 있어서 이자율이 내려갑니다. 이자율이 내려가면 너도 나도 돈을 쉽게 빌릴 수 있어서 시중에 돈(통화량)이 많아집니다.

정부는 직접 이자율을 내려서 기업의 소비(투자)를 촉진합니다. 이자율은 정부가 중앙은행을 통해서 조정할 수 있습니다. 정부가 이자율을 내리면 기업은 은행에서 싼 이자로 돈을 빌려서 기계를 소비(투자)하게 되므로 국가 경제에서 부족해진 소비(투자)가 촉진될 수 있는 것입니다.

정부는 국채를 사들이는 방법으로 이자율을 내리기도 합니다. 국채를 사고팔아 통화량을 조정하는 것을 공개시장조작^{open market operation}이라고 합니다. 정부는 정부지출(재정정책)을 시행할 자금을 마련하기 위해 국가 이름으로 시중에 채권(국채, 차용증)을 발행하여 시중에서 돈을 빌리는데, 정부가 시중에 발행한 국채를 다시 돈을 내어 사들이면 그 돈이 시중에 풀려 통화량이 증가합니다. 통화량이 많아지면 돈을 빌리는 대가인 이자율이 떨어집니다(국채를 사들이면 국채의 수요가 커져 국채 가격이 올라가고, 액면이 고정된 국채 가격이 올라가면 국채의 수익률, 즉 이자율이 떨어진다고 이해해도 됩니다).

이자율 하락이 기업의 소비(투자)에 미치는 영향

기업은 첫째, 은행의 이자율이 낮거나 둘째, 장래 경기에 대한 전망이 좋으면 은행에 돈을 빌려서 기계를 소비(투자)한다고 하였습니다. 장래 경기에 대한 전망은 기업가가 경제 상황을 종합적으로 알

제6장
케인즈주의

아서 판단하는 것이어서 정부가 관여할 여지가 적지만, 이자율은 정부가 중앙은행을 통해서 조정할 수 있습니다. 정부가 이자율을 하락시키면 기업은 은행에서 싼 이자로 돈을 빌려서 기계를 소비(투자)하게 되므로 국가 경제에서 부족해진 소비(투자)가 촉진할 수 있는 것입니다.

이자율이 내려가면 개인들의 소비도 늘어나는데, 이것이 다시 기업의 소비(투자)를 촉진하기도 합니다. 개인들도 은행에서 낮은 이자율로 대출을 받을 수 있습니다. 그동안 집이나 차를 구매하기 부담스러워했던 사람들도 이자율이 낮아지면 은행에서 돈을 빌려 집이나 차를 구매합니다. 개인들이 집이나 차를 사면, 집을 짓는 건설회사나 차를 만드는 자동차회사가 생산을 위해 기계를 구입하는 소비(투자)를 하게 만듭니다.

케인즈는 이자율을 계속 하락시켜서 국가 경제에서의 기업의 소비(투자)를 진작시키고 실업을 줄여야 한다고 주장했습니다. 자신의 이러한 이론이 경제에 적용되면 이자로 불로소득을 얻는 사람들은 '안락사'하듯 사라질 것이라고 말하기도 했습니다.

> "이자로 불로소득을 얻는 사람들, 자본의 희소한 가치로 이익을 보았던 종전의 억압적인 권력들 모두 안락사하듯 사라질 것이다. 이자는,

토지의 소유자와 마찬가지로, 진정한 희생의 대가라고 할 수 없다."★

이자율 하락의 문제: 인플레이션, 자산 거품, 금융공황

하지만 이자율이 낮은 것도 문제가 없지 않습니다. 너무 쉽게 돈을
빌릴 수 있게 되어 시중에 돈(통화량)이 너무 많아지면 경제 전체의
물가가 상승하는 인플레이션inflation이 발생합니다.

시중에 돈(통화량)이 많아지면 주식이나 부동산 등 자산의 가치가
비정상적으로 높아지는 자산 거품asset bubble이 생기기도 합니다. 자
산 거품이 한계에 이르러 어느 날 갑자기 터지면 자산 가격이 폭락
하면서 경제에 큰 충격을 줍니다. 이자율을 낮추다 보니 새로운 문
제가 생기기도 합니다.

예를 들면 2000년대의 미국 이자율은 충분히 낮아져서 개인이나 기
업이 은행에서 돈을 빌려 주택을 구입하는 것이 매우 쉬웠습니다.
이렇게 너도나도 주택을 구입하자 주택가격은 계속해서 올랐고 은

★ John Maynard Keynes, 〈The General Theory of Employment, Interest and Money〉,
Macmillan(1936), Chapter 24, II 의 4번째 문단, "It would mean the euthanasia of the rentier,
and, consequently, the euthanasia of the cumulative oppressive power of the capitalist to
exploit the scarcity-value of capital. Interest today rewards no genuine sacrifice, any more
than does the rent of land."

행은 가격이 오른 주택을 담보로 잡고 더욱 쉽게 대출을 해 주었습니다. 통상적인 대출 기준을 충족하지 못하는 이런 경우의 담보대출을 서브프라임 담보대출subprime mortgage lending이라고 합니다. 부동산 자산 거품이 생긴 것입니다. 어느덧 주택시장의 새로운 구매자가 바닥이 났고, 동시에 현재의 주택가격이 너무 높다는 것을 모두 깨닫게 되었습니다. 2008년 어느 날, 자산 거품이 터지고 주택가격은 폭락했으며, 은행은 대출을 회수하지 못해 부도 위기에 처했습니다. 은행은 기업에게 대출해 줄 돈이 없을 정도였습니다. 이러한 상태를 금융공황financial panic이라고 부릅니다.

미국 정부는 금융공황에 대해 어떻게 대처했을까요? 미국 정부는 은행이 부도나도록 내버려 둘지 아니면 은행을 살리기 위해 지원해야 할지 고민했습니다. 결국은 케인즈의 방식을 좇아 은행에 대대적인 지원을 하기로 했습니다. 은행이 기업에게 계속해서 대출을 해 줄 수 있어야 기업이 계속 투자(소비)하고 국가 경제의 '소비의 부족'을 막을 수 있기 때문입니다. 정부는 은행에게 대규모로 돈을 빌려주거나, 은행의 채무에 보증을 섰습니다. 심지어 정부는 국채가 아닌 사채까지 적극적으로 매입해 주었습니다. 이것을 '양적 완화quantitative easing'라고 부릅니다. 정부의 이러한 조치로 은행은 돈이 필요한 기업에게 대출해 줄 수가 있었고 얼마간 경기침체가 있었으나, 비교적 잘 극복하였다고 평가받고 있습니다.

케인즈 이후 경제학자들은 이러한 다양한 경제 상황을 겪으면서 통화정책의 원칙을 깨닫게 되었습니다. 현재 대부분의 정부는 국가 경제에 소비와 투자가 부족해지지 않도록 대체로 이자율을 낮게 유지하면서도, 다만 인플레이션이 목표치를 초과하거나 자산 거품이 발생할 조짐이 있으면, 이자율을 조금씩 올려 시중의 자금을 흡수하는 방식으로 통화량을 조정해야 한다고 믿고 있습니다.

경기 전망이 기업의 소비(투자)에 미치는 영향

여기서 잊어서는 안 되는 것이 있습니다. 지금까지 이자율만 얘기했지만, 기업은 이자율만 낮다고 해서 소비(투자)하지는 않습니다. 기업은 첫째, 은행의 이자율이 낮거나 둘째, 장래 경기에 대한 전망이 좋으면 은행에 돈을 빌려서 기계를 소비(투자)한다고 하였습니다. 오히려 기업의 소비(투자)는 결정적으로 기업가들이 장래 경기를 어떻게 생각하느냐에 달려 있다고도 볼 수 있습니다. 경기에 대한 전망이 좋으면 기업은 아무리 높은 이자율이라도 감당할 각오를 하기 때문입니다. 즉 기업가들이 보는 '장래 경기에 대한 전망'이 국가 경제의 소비(투자) 진작에 매우 중요합니다.

정부가 장래 경기에 대한 전망에 대해 마땅히 어떻게 할 수 있는 것은 별로 없습니다. 그렇다 해도 정부가 확고한 경제철학을 가지고 국가 경제의 장·단기적 상황에 관하여 세밀한 계획을 마련하여 기업가들이나 국민에게 충분히 신뢰를 받는다면, 그렇지 못한 정부가 있는 국가에서보다 장래 경기에 대한 전망은 훨씬 좋을 것입니다. 정부는 이자율만이 아니라 장래 경기에 대한 전망도 관리해야 합니다.

06
국가부채와 소비

지금쯤 이런 생각이 들 겁니다. 정부가 직접 나서서 소비하는 것(재정정책)도 좋고, 이자율을 내리거나 통화량을 늘려서 기업의 소비(투자)에 영향을 미치는 것(통화정책)도 좋은데, 과연 정부는 그 돈을 어떻게 마련할 수 있을까요?

정부는 우선 국민에게 세금을 걷습니다. 그런데 세금으로는 충분하지 않습니다. 국가 경제의 부족한 수요를 진작시키기 위해 재정정책이나 통화정책을 수행하려면 매우 많은 돈이 필요하기 때문입니다.

정부가 돈(화폐)을 마구 찍어 내면 되지 않을까 생각해 본 적이 있을 겁니다. 그렇게 해도 되기는 합니다. 정부는 돈을 찍어 낼 권한이 있습니다. 그런데 그렇게 하면 돈(화폐)의 가치가 급격히 떨어지고, 급격한 인플레이션이 발생합니다. 돈(화폐)의 가치가 떨어지면 사람들은 그 나라의 돈(화폐)을 다른 나라의 돈(화폐)이나 물건으로 바꾸려고 할 겁니다. 그러면 그 나라의 돈의 가치는 더욱더 떨어집니다. 화폐 가치는 종이 가격만도 못하게 될 수도 있습니다. 돈의 가치가 떨어지므로 돈으로 표시되는 물건 가격은 매우 높아집니다. 천정부지로 치솟는 인플레이션이 발생하는 것입니다. 그래서 정부는 돈(화폐)을 마구 찍어 내는 방법으로 돈을 마련할 수는 없습니다.

국가부채의 발생

그래서 정부는 빚(부채)을 냅니다. 정부가 빚을 내는 대표적인 방법이 국채를 발행하는 겁니다. 국채란 국가에 대한 채권을 말합니다. 국가가 자국민이나 외국인에게 돈을 빌리고 언제까지 갚겠다고 하는 증서(차용증)입니다. 국채에 만기가 도달하면 어떻게 갚을까요? 그동안 국민에게 받은 세금으로 갚을 수도 있지만, 국채를 갚기 위해 또다시 국채를 발행할 수도 있습니다. 그렇게 발행한 국채에 만기가 도달하면 다시 국채를 발행할 수 있습니다. 그래서 정부의 부채는 현재의 세대가 부담하는 것이 아니라 미래의 세대가 부담하는 것이라고 말하기도 합니다.

국가부채 효용론

그런데 국가 경제에 있어서 국채는 민감한 문제입니다. 국채를 발행하고, 또 발행해서 국채를 갚는 것이 반복되면 결국 국채가 눈덩이처럼 불어나서 정부가 파산할 수도 있지 않을까 걱정이 들 겁니다. 이러한 위험을 경고하고자 그러한 현상을 부채의 소용돌이$^{debt\ spiral}$라 부르기도 합니다.

우선, 국가부채 자체를 지나치게 걱정할 것은 아닙니다. 오히려 국가부채로 빌린 돈이 어떻게 사용되는지 생각해 보아야 합니다. 국가 경제의 부족한 수요를 보충하고 충당하기 위해 재정정책이나 통화정책을 적절히 수행하는 것은 필요하며, 그러한 정책으로 경기가 좋아지고 기업이 성공하면 국가가 걷을 세금이 늘어날 것이므로 국가부채는 근본적으로 어느 정도 선순환이 예정되어 있습니다.

어떤 사람들은 국가부채는 현재 세대가 미래 세대에게 부담을 이전시키는 것이어서 미래 세대를 위하여 부담을 가능한 한 줄여 주어야 하지 않느냐고 주장합니다. 그러나 미래 세대에 부담을 주지 않기 위해 지금 국가부채를 당장 갚아 버리는 것을 과연 미래 세대가 환영할까요? 국가부채를 당장 갚기보다는 그 돈으로 미래 세대를 위한 교육에 효율적으로 투자하여 미래 세대의 노동생산성을 높여 주는 데 사용하거나, 생명과학, 정보기술 등의 산업에 적극적으로 투자하고 각종 기반시설infrastructure을 갖추는 데 사용하면, 미래 세대를 위한 일자리도 점점 늘어나게 될 겁니다. 이것을 미래 세대가 더 반길 것입니다.

국가부채 신중론

그러나 국가부채에 대해서 신중히 생각해야 할 점이 있는 것도 사실입니다. 사람들이 왜 국가에 돈을 빌려주는지를 근본적으로 생각해보아야 합니다. 정부는 국채를 어느 정도까지 발행할 수 있을까요? 자국민이나 외국인은 그 국가에 어느 수준까지 돈을 빌려줄까요?

많은 경제학자는 사람들이 그 국가가 '빚(부채)을 갚을 능력'이 있다고 믿는 정도만큼만 국채를 빌릴 수 있다고 봅니다. 개인도 돈을 빌릴 때 빚을 갚을 능력이 있다고 믿음이 가는 만큼만 빌릴 수 있습니다. '빚을 갚을 능력'이 의심스러우면 매우 높은 이자율을 지급해야 합니다. 국채도 마찬가지입니다. 2010년경 사람들은 그리스에 대해 과연 '갚을 능력'이 있는지 의심하기 시작하였고 그때부터 그리스는 매우 높은 이자율을 제시해야 돈을 빌릴 수 있었습니다. 2020년경 일본은 대규모의 정부지출로 인하여 그리스 정도의 국가부채가 있었지만, 사람들은 일본이 부채를 갚을 능력이 충분하다고 믿었기 때문에 일본은 비교적 낮은 이자율로 돈을 빌릴 수 있었습니다.

어떤 국가가 빚을 갚을 능력이 있는지는 어떻게 판단할까요? 정부가 빌려 온 돈을 어떻게 소비하는지를 봅니다. 정부가 경기회복과 경제성장에 도움이 되는지 철저히 연구하고 산업구조 혁신 또는 투자기반 조성을 위하여 효율적으로 돈을 쓰고 있다면, 이러한 소비는 국가와 국민의 '빚을 갚을 능력'을 높이는 것이어서 사람들은 오히려 그런 정부에게 돈을 더 빌려주고 싶어집니다. 그러나 정부가 선거를 앞두고 선심을 쓰듯 나누어 주거나 비효율적인 복지제도를 방만하게 운영하는 데 그 돈을 쓴다면, 그 국가는 '빚을 갚을 능력'이 점점 없어지고 있다고 생각합니다. 그러한 국가에는 돈을 빌려주지 않거나 매우 높은 이자율을 요구합니다. 개인들도 기껏 돈을 빌려주었더니 낭비하듯 돈을 쓰면 그 사람에게 다시는 돈을 빌려주지 않는 것과 마찬가지입니다.

제6장
케인즈주의

07

사필귀정

'사필귀정事必歸正'이라는 말이 있습니다. 글자 그대로 풀이하면, 모든 일事은 반드시必 돌아간다歸, 바른 곳正으로, 라는 뜻입니다. 일이 언젠 가 결국에는 바른 곳으로 돌아간다니 얼마나 다행인지 모르겠습니다. 사필귀정, 현재 고통을 겪는 사람에게 위로와 희망이 되는 말입 니다. 그런데 케인즈주의를 공부하게 되면 이 말에 대해 다시 음미 해 볼 구석이 많습니다.

바른 곳으로 돌아간다는 보장은 없다

첫째, 일이 결국 바른 곳으로 돌아간다는 '보장'이 어디에 있을까요? 영화에서야 감독이 마음대로 스토리의 결말을 정할 수 있습니다. 그 러나 현실은 다릅니다. 바른 곳으로 돌아갈지 아니면 이곳에 머물지, 더 나쁜 곳으로 흘러갈지 아무도 모릅니다. 바른 곳으로 돌아가기를 원한다면 가만히 있지 말고 그곳을 향하여 적극적으로 나아가야 합니다.

케인즈 이전의 경제학자들은 우리가 가만히 있어도 경제는 보이지 않는 손이 알아서 최선의 상태로 회복시킬 것이라 믿었습니다. 그러나 케인즈는 그러한 낙관주의를 비판했습니다. 현실 경제는 소비(유효수요)가 부족하므로 정부가 적극적으로 나서서 끊임없이 재정정책과 통화정책으로 소비를 창출해야 한다고 주장했습니다.

> "전통적인 경제학의 저 유명한 낙관주의는 지금의 경제학자들을 캉디드(볼테르 소설의 주인공, 순진한 낙관주의자)처럼 만들었다. 캉디드는 그 세상에서 나와 정원이라도 가꾸려고 하였지만, 그들은 아직도 우리가 아무것도 하지 않아도 세상은 가능한 세상 중 최선의 상태에 있을 것이라 가르치고 있다. 그들의 이러한 낙관주의는 최선의 상태에 장애가 발생하고 있으며 이는 유효수요의 부족 때문임을 간과하고 있기 때문이다."[★]

★ John Maynard Keynes, 〈The General Theory of Employment, Interest and Money〉, Macmillan(1936), Chapter 3, Ⅲ의 마지막 문단, "The celebrated optimism of traditional economic theory, which has led to economists being looked upon as Candides, who, having left this world for the cultivation of their gardens, teach that all is for the best in the best of all possible worlds provided we will let well alone, is also to be traced, I think, to their having neglected to take account of the drag on prosperity which can be exercised by an insufficiency of effective demand."

너무 늦게 돌아간다면 무의미하다

둘째, 일이 결국에는 바른 곳으로 돌아간다고 하는 그 '언젠가'는 과연 언제일까요? 일이란 서두른다고 될 것은 아니겠지만, 바른 곳으로 돌아갈 그 언젠가가 너무 늦어 버리면, 그때를 기다리는 동안 모든 것이 황폐해져 버릴 수 있습니다. 우리는 현재 시시각각 여기서 벌어지는 일에 관하여도 관심을 가져야 합니다.

케인즈 이전의 경제학자들은 언젠가 보이지 않는 손이 안정적인 균형점으로 경제를 데리고 갈 것이라 믿었습니다. 그러나 케인즈는 경제학자의 임무는 언젠가 도달할 그날만을 설명하는 것이 아니라 그곳에 도달하는 과정을 모두 설명할 수 있어야 한다고 보았습니다. 케인즈는 1923년 〈화폐개혁론〉에서 '장기적'으로 결국 어떻게 될지만을 생각하는 것은 무의미하다고 지적하기도 했습니다.

> "장기적으로 결국 어떻게 될 것인지는 현재의 문제에 대한 잘못된 지침이다. 장기적으로 결국, 우리는 죽을 운명일 뿐이지 않은가. 경제학자들이, 폭풍우가 몰아치고 있는 때에 장기적으로 결국 폭풍우는 그칠 것이고 바다는 고요해질 것이라는 식으로 말한다는 것은 너무나 쉬운, 쓸모없는 일을 하는 것이다."★

바른 곳에서도 영원히 머물 수 없다

셋째, 모든 일이 언제가 돌아가게 될 그 바른 곳에서 과연 우리는 '영원히' 머물 수 있을까요? 그곳도 우리가 머무르는 수많은 곳 중 한때 잠시 머무르는 곳에 불과한 것은 아닐까요? 모든 곳은 그저 지나가는 한곳일 뿐이고, 우리가 돌아가고자 하는 그 바른 곳도 그런 곳일 수 있습니다.

케인즈는 케인즈 이전의 경제학자들을 고전학파라 칭하면서 고전학파가 말하는 균형은 현실이 겪게 되는 수많은 지점 중 하나의 특수한 지점에 불과하다고 보았습니다. 케인즈는 고전학파의 이론에 대하여 특수한 경우에나 들어맞는 '특수이론'이라고 비판하고, 자신의 이론은 경제의 과정을 모두 설명하는 '일반이론'이라고 불렀습니다. 그래서 케인즈가 자신의 책 제목을 〈일반이론^{The General Theory of Employment, Interest and Money}〉이라고 지었던 것입니다.

> "고전학파의 설명은 특수한 경우에나 적용되는 것이지 일반적 경우에 적용되는 것이 아니다. 그들은 존재 가능한 여러 균형 중 하나의

★ John Maynard Keynes, A Tract on Monetary Reform, Macmillan(1923), Chapter 5(p.80), "But this long run is a misleading guide to current affairs. In the long run we are all dead. Economists set themselves too easy, too useless a task if in tempestuous seasons they can only tell us that when the storm is long past the ocean is flat again."

지점에 관한 상황을 가정하고 있기 때문이다."★

사필귀정에 대한 케인즈주의적 해석

이렇게 몇 가지를 생각해 보면, 사필귀정이란 말에 대해 근본적인 의문이 생깁니다. 일이 바른 곳으로 돌아간다는 '보장'이 없고, 일이 바른 곳으로 돌아가는 그 '언젠가'가 언제인지 알 수 없고, 바른 곳에 돌아가더라고 그곳에 영원히 머물 수 없다면, 일이 바른 곳으로 돌아간다는 '사필귀정事必歸正'은 내 삶에 무슨 의미가 있을까요? 사필귀정이라는 말이 고통을 겪는 사람에게 위로와 희망이 되는 말이긴 할까요?

케인즈주의자에게 사필귀정이란 말은 조금 다르게 해석되어야 합니다. 바른 곳으로 돌아간다는 보장은 없으므로, 바른 곳을 원한다면 가만히 있지 말고 우리는 '적극적인 행동'으로 그곳을 찾아가야 합니다. 바른 곳에 언제 도달할지 알 수 없으므로, 우리가 적극적인 행동을 하면서 '현재의 삶'을 황폐하게 하지 말아야 합니다. 바른 곳에 도

★ John Maynard Keynes, 〈The General Theory of Employment, Interest and Money〉, Macmillan(1936), Chapter 1의 첫 번째 문단, "I shall argue that the postulates of the classical theory are applicable to a special case only and not to the general case, the situation which it assumes being a limiting point of the possible positions of equilibrium."

달하더라도 그곳은 영원한 곳이 아닙니다. 우리의 적극적인 행동은 삶에서 '끊임없이' 지속해야 합니다. 사필귀정, 케인즈주의자에게 이 말은 우리 삶의 매 순간 적극적으로 임하라는 가르침입니다.

정의론

"천부적으로 혜택을 받은 사람들은
그들이 누구일지라도 그러한 혜택이
불운을 겪고 있는 사람들에게 도움이 될 수 있도록
사용하는 조건에서 자신의 혜택을 누릴 수 있는 것이다."

- 롤즈 -

01
기부

TV를 보다 갑자기 숙연해집니다. 기부 광고가 나옵니다. 기부 광고에 출연한 아이는 선천성 장애로 인해 고통의 나날을 보내고 있습니다. 후원단체에 얼마라도 기부하면 그 아이의 고통을 조금이나마 덜수 있겠다는 생각이 듭니다. 그런데 곧이어 아프리카 오지에 사는 사람들의 참담한 현실을 보여 주는 기부 광고가 나옵니다. 아, 제가 잠시 잊었습니다. 이 세상의 불행은 끝도 없다는 것을, 내가 조금씩 기부한다 한들 세상이 달라질 리 없다는 것을.

그런데 질문이 생깁니다. 기부 광고에조차 등장하지 않는 불행한 사람들은 어떻게 되는 것일까요? 마음먹고 주변을 둘러보면 적지 않은 사람들이 자신의 불행과 조용히, 힘겨운 싸움을 벌이고 있습니다. 그들 중에는 기부 광고에 등장하는 사람들보다 훨씬 불행한 사람들도 많이 있습니다. 그들의 불행은 어떻게 도와야 할까요?

질문이 꼬리에 꼬리를 뭅니다. 우리가 조금씩 기부한다 하더라도 불행한 사람들을 과연 얼마나 도울 수 있을까요? 그들을 제대로 도우려면 우리가 조금씩 기부할 것이 아니라 많은 재산을 가진 사람들이 많은 돈을 기부해야 하지 않을까요? 아니, 차라리 국가가 나서서 불행을 도울 자금을 세금처럼 걷어야 하지 않을까요? 그런데 끝도 없는 세상의 불행을 돕겠다고 나선다면, 어떤 기준으로 누구를, 얼마나 돕는 것이 적절할까요?

질문 끝에 결국에는 보다 근본적인 질문을 만나게 됩니다. 우리는 '왜' 불행한 사람들을 도와야 할까요?

누군가는 이렇게 답변합니다. 불행한 사람을 돕는 것은 그것 자체로 '옳은' 일이라고. 옳은 일에는 그것 자체가 옳다는 것 이외에 다른 이유가 없다고. 이런 답변에 만족하는 사람도 있을 겁니다. 그러나 이런 답변만으로는 충분하지 않습니다. 비슷한 질문을 다시 하도록 만들기 때문입니다. 불행한 사람을 돕는 것이 '왜' 그것 자체로 옳은 일일까요? 과연 옳다는 것은 무엇인가요?

철학자 중 이러한 질문에 특별히 관심을 가졌던 사람이 있었습니다. 지금으로부터 약 50년 전인 1971년에 철학자 롤즈Rawls는 책 〈정의론A theory of Justice〉을 출간했습니다. 바로 이러한 질문에 답해 주는 책이었습니다. 롤즈는 이 책에서 '무지의 장막veil of ignorance'이라는 흥미로운 이야기로 자신의 답변을 설득력 있게 제시하였습니다.

현재 많은 철학자와 정치학자는 롤즈의 이 무지의 장막 이야기를 우리가 왜 불행한 사람을 도와야 하는가에 대한 가장 적절한 답변이라 인정하고 있습니다. 심지어 롤즈의 이와 같은 답변을 계기로 철학이나 정치학에서는 '정의론'이라는 학문 체계가 새롭게 정립되었습니다.

그런데 롤즈의 이야기를 제대로 이해하기 위해서는 그것과 비교해 볼 수 있는 다른 정의론을 미리 알아 두어야 합니다. '자유주의'와 '공리주의'입니다. 자유주의, 공리주의, 롤즈의 정의론, 이 세 가지 입장이 정의론이라는 학문 체계의 주류를 구성하고 있습니다. 우리가 왜 불행한 사람을 도와야 하는지에 대해 현재까지 인류가 내어놓은 답변입니다.

학문으로서의 정의론은 대부분 공리주의를 가장 먼저 설명하고, 롤즈의 정의론과 자유주의의 순서로 설명합니다. 공리주의는 대표적 학자 벤담Bentham이 1789년 출간한 〈도덕과 입법의 원칙에 관한 서론An Introduction to the Principle of Morals and Legislation〉에 의해 정립된 것입니다. 그로부터 약 200년 후인 1971년 롤즈가 공리주의 논리를 비판하고 자신의 새로운 정의론을 제안하고자 〈정의론A theory of Justice〉을 발간했습니다. 이후 1974년 자유주의의 대표적 학자 노직Nozick이 공리주의 및 롤즈의 정의론을 모두 비판하면서 기존의 자유주의를 체계화한 책인 〈무정부, 국가, 그리고 유토피아로^{Anarchy, State, and Utopia}〉를 발간하였습니다. 보통 이 연혁적 순서에 따라 정의론을 설명하고는 합니다.

그러나 이 책은 연혁적 순서가 아니라 논리적 순서에 따라서 자유주의를 가장 먼저 설명하고, 다음에 공리주의, 롤즈의 정의론을 설명합니다. 다른 사람의 행복과 불행에 관여할 이유나 의무가 없다는 자유주의의 주장이 다른 사람의 행복과 불행에 관여할 이유나 의무를 주장하는 다른 이론보다 논리적으로 우선하는 것이며, 연혁적 순서를 보아도 인간은 자유로운 존재라는 자유주의의 인간관이 다른 인간관보다 가장 먼저 등장하였다고도 볼 수 있기 때문입니다.

우리는 '왜' 불행한 사람들을 도와야 할까요? 이에 대한 답변인 정의론을 공부하면서, 세상의 불행에 대해서, 나의 불행에 대해서, 나아가 나의 행복에 대해서도 깊이 생각할 시간을 가질 수 있을 겁니다.

02
자유주의

왜 불행한 사람들을 도와야 할까요? 이 질문에 대해 자유주의^{自由主義,}
liberalism, Libertarianism는 불행한 사람들을 도울 이유가 본래 '없다'라고
답변합니다. 정확히 말하자면, 당신에게 불행한 사람들을 돕고 싶은
'감정'이 생긴다면야 마음껏 도울 수 있겠지만, 당신에게 또는 우리
에게 불행한 사람들을 도와야 할 '의무'는 없다는 뜻입니다. 불행한
사람들을 외면해도 괜찮다는 이런 태도가 야박하고 쌀쌀맞다고 느
껴집니다.

자유주의의 인간관

자유주의는 '인간은 누구의 간섭도 받지 않는 자유로운 존재'라는 생
각을 가장 중요시합니다. 인간이란 각자 자유롭게 행동하여 그 결과

현재의 처지를 맞이하게 된 것이므로 설령 불행한 처지에 있다고 하더라도 그것은 스스로 알아서 책임지고 헤쳐 나갈 문제일 뿐이라고 합니다. 이와 같은 믿음과 이러한 믿음에 기초한 정의론을 '자유주의liberalism' 또는 '자유지상주의libertarianism'라고 부릅니다.

자유주의를 체계화한 대표적인 학자는 노직입니다. 노직은 1974년 〈무정부, 국가, 그리고 유토피아〉를 발간하여 공리주의와 롤즈의 정의론를 비판하며 기존의 자유주의를 체계화하였습니다. 노직의 이론을 중심으로 자유주의를 이해해 보겠습니다.

농구선수 사례: 재능의 소유, 자발적 거래

노직의 농구선수 체임벌린 이야기를 들어 보겠습니다. 농구선수 체임벌린은 탁월한 실력을 가지고 있습니다. 그는 자신의 재능을 어디서 훔친 것이 아닙니다. 그는 농구 실력을 기르기 위해 매일 열심히 연구하고 연습하였으며, 그 결과 탁월한 농구 실력을 정당하게 '소유'하게 되었습니다. 그리고 그의 농구 경기를 보러 오는 사람들 누구에게도 강요하지 않았음에도, 그들은 체임벌린의 농구 경기를 보기 위해 자발적으로 농구 경기장 입장권을 구매하는 '거래'를 한 것입니다.

노직은 말합니다. 체임벌린은 누구의 권리도 침해하지 않고 정당하게 재능을 소유하게 되었습니다. 그리고 체임벌린의 팬들이 누구의 권리도 침해하지 않고 자발적으로 그의 농구 경기를 보기 위해 입장권을 구입하는 거래를 하였습니다. 그 결과, 체임벌린은 많은 수입을 올렸습니다. 노직은 사람들이 이 결과를 두고 정의롭지 않다고 불평해서는 안 된다고 말합니다.

> "그들은 자신의 돈으로 영화를 볼 수도, 사탕을 살 수도, 재미있는 잡지를 살 수도 있었다. 하지만 그들은, 그들 중 적어도 백만 명은 농구선수 체임벌린의 경기를 구경하는 곳에 모여서 자신의 돈을 쓰기로 한 것이다."★

자유주의의 문제: 재능의 본질, 거래의 문제

자유주의의 이러한 입장에 대해서는 비판이 많습니다.

첫째, 우리가 가진 물건이나 재능이 누구의 권리를 침해하지 않았다

★ Robert Nozick, 〈Anarchy, State, and Utopia〉, Basic Books(1974), Part 2, Chapter 7, Section 1(p.161), "They could have spent it on going to the movies, or on candy bars, or on copies of Dissent magazine, or of Monthly Review. But they all, at least one million of them, coverged on giving it to Wilt Chamberlain in exchange for watching him play basketball."

제7장
정의론

고 해서 모두 정당하게 소유했다고 볼 수는 없습니다. 탁월한 실력의 농구선수가 탁월한 재능을 가지게 된 것에는 연구하고 연습한 그의 노력 덕분도 있겠지만, 그에게 농구라는 운동을 하는 데에 저해가 되는 신체적 장애가 없다거나 정신적·체력적으로 농구라는 운동에 적합하게 태어난 '좋은 운' 덕분도 있기 때문입니다. 농구라는 운동 종목이 존재하고, 특히 그러한 운동 종목이 인기가 있는 시대와 나라에 태어난 것도 좋은 운입니다.

둘째, 세상에는 물건이나 재능에 대해 완전하게 자발적으로 거래했다고 볼 수 없는 경우도 많습니다. 그리고 미성년자나 거래의 내용을 제대로 알지 못하는 미숙한 사람이 거래하는 경우 자발적으로 보이더라도 문제가 없지 않습니다. 게다가 어떤 거래는 완전하게 자발적이기는 하지만 매우 부적절한 거래가 있습니다. 자발적인 거래라고 하여 신체의 장기를 파는 거래를 아무런 문제가 없다고 할 수 없습니다. 의사나 판사의 자격을 거래의 대상으로 삼아 그에 걸맞은 능력과 경험을 갖지 않은 사람에게 그 자격을 살 수 있도록 함은 아무리 자발적인 거래라고 할지라도 부적절한 거래입니다. 체임벌린의 농구 경기를 보러 가는 것 정도는 자발적인 거래로 문제가 없어 보이지만, 모든 자발적 거래에 아무 문제가 없는 것은 아닙니다.

현실과 자유주의: 사유재산, 자유계약

이러한 비판에도 불구하고 우리는 철저한 자유주의의 세상에 살고 있습니다. 현대 문명국가의 법률은 근본적으로, 사유재산을 철저히 보호하고 자유계약에 따른 결과를 인정합니다. 누구의 권리를 침해 하지 않는 한 원칙적으로 사람들 각자의 물건이나 재능에 대한 정당 한 소유를 인정하고 이를 강력히 보호하고 있으며(사유재산), 자신 이 소유한 물건이나 재능에 관하여 자발적으로 거래하였다면 원칙 적으로 그러한 거래를 그대로 인정합니다(자유계약).

당신은 어떨까요? 당신도 철저한 자유주의자입니다. 당신은 당신의 재산은 사유재산으로 철저히 보호받기를 원하며, 당신의 거래도 자 유계약의 법리에 의해 인정받기를 바랍니다. 우리는 아직도, 불행한 사람을 돕고 싶은 기분이 들 때 불행한 사람을 돕기도 하지만, 그것 을 반드시 해야 하는 의무라고까지 생각하지는 않습니다. 당신이 자 유주의에 대한 비판에 잠시 고개를 끄덕였을지 모르겠지만, 당신은 근본적으로 참으로 야박하고 쌀쌀맞은 사람입니다.

03
공리주의

왜 불행한 사람들을 도와야 할까요? 이 질문에 대해 공리주의功利主義, Utilitarianism는 불행한 사람들을 도우면 우리에게 행복, 효용, 이익을 주기 때문이라고 합니다. 말만 들어 보면, 언뜻 이해가 가지 않을 수 있습니다. 불행한 사람들을 돕는 경우 도움을 받는 사람에게야 이익이 생기겠지만, 도움을 주는 사람에게도 행복, 이익, 효용이 생길 수가 있을까요?

공리주의의 인간관

공리주의는 '인간은 행복과 쾌락을 추구하는 존재'라는 생각에서 모든 논리를 시작합니다. 인간이 고통과 불편을 멀리하고 행복과 쾌락을 추구하는 존재라는 주장을 누가 반대할 수 있을까요? 벤담은 인간이 행복과 쾌락을 추구한다는 것, 이것이야말로 인간의 행동과 관련한 '모든 증명의 출발점'이라고 말하였는데, 이 말을 두고 틀렸다고 할 사람은 아무도 없을 겁니다. 공리주의에 관한 벤담의 명쾌한 정의를 들어 보겠습니다.

> "공리주의란 어떠한 행동을 승인하거나 거부하여야 하는 경우 그 행동에 대해 이해관계가 있는 당사자의 행복을 증가시키는지 또는 감소시키는지에 따라, 달리 말하면 그러한 행복을 촉진하는지 또는 억압하는지에 따라 결정하는 것을 의미한다. 여기서 말하는 어떠한 행동이란 모든 행동, 즉 개인의 사적 행동만이 아니라 정부의 모든 조치까지도 포함한다."[★]

공리주의Utilitarianism는 행복happiness, 쾌락pleasure을 효용utility, 이익benefit이라고 표현하기도 합니다. 즉, 공리주의는 인간의 행동을 행복, 쾌락, 효용, 이익에 얼마나 기여되는지를 기준으로 평가하는 철학이라고 생각하면 됩니다.

[★] Jeremy Bentham, 〈An Introduction to the Principles of Morals and Legislation〉, T. Payne and Son(1789), Chapter 1, 2번, "By the principle of utility is meant that principle which approves or disapproves of every action whatsoever, according to the tendency which it appears to have to augment or diminish the happiness of the party whose interest is in question: or, what is the same thing in other words, to promote or to oppose that happiness. I say of every action whatsoever; and therefore not only of every action of a private individual, but of every measure of government."

제7장
정의론

공리주의功利主義를 공익주의公益主義나 공동주의共同主義와 헷갈리면 안 됩니다. 공리주의에서 말하는 공功, utility은 공公, public이나 공共, common 이 아닙니다. 공리주의에서 말하는 공功은 효용效用이란 의미의 공功, utility, 공로功勞라고 할 때의 공功, utility입니다. 공리주의에서 말하는 리利, benefit는 이익benefit이라는 의미의 리利, benefit입니다. 공리주의功利主義 보다는 효용주의效用主義, 이익주의利益主義라고 번역하였다면 이해하기 쉬웠을 것입니다.

노숙자 보호시설 사례: 이익

공리주의功利主義, Utilitarianism는 불행한 사람들을 돕는 이유를, 그렇게 하면 우리에게 행복, 쾌락, 효용, 이익이 발생하기 때문이라고 말합니다. 불행한 사람들을 돕는 경우 도움을 받는 사람에게야 이익이 생기겠지만, 도움을 주는 사람에게도 행복, 쾌락, 효용, 이익이 생길 수가 있을까요? 공리주의를 대변하는 철학자 벤담의 '노숙자 보호시설' 얘기를 들어 보면 금방 이해가 될 겁니다.

벤담은 사람들이 거리에서 노숙자들을 보게 되면 우리에게 감정상 고통이 발생한다고 합니다. 노숙자들을 볼 때마다 누추하고 더러운 행색이 눈에 거슬리고 냄새도 나서 '혐오감'의 고통이 생기고, 마음이 착한 시민들은 어쩌다가 저렇게 되었을까 하는 심정으로 '자비심'

의 고통이 생깁니다. 그런데 시민들이 세금을 내어 국가가 노숙자 보호시설을 운영하기로 하면 거리에서 노숙자들이 보이지 않게 됩니다. 그러면 노숙자들을 볼 때마다 생기는 혐오감과 자비심의 고통은 사라지므로 시민들에게 이익이 됩니다.

노숙자 보호시설이 주는 '이익'은 여기에 그치지 않습니다. 노숙자들이 거리에서 사라지면 거리는 좀 더 안전해질 겁니다. 경찰을 배치하는 비용도 줄어듭니다. 사람들이 편하게 거리를 더 많이 다니게 될 것이고 거리에서 가게를 운영하는 사람들은 장사가 더 잘될 겁니다. 아이들의 교육에 불편이 없어서 학교나 학원도 많이 생기고 동네 집값도 오르는 이익이 생길 수 있습니다. 불행한 사람들을 돕는 경우 도와주는 사람들에게 이익이 생긴다는 공리주의의 입장이 바로 이것입니다.

공리주의의 문제: 이익 측정, 가치 판단

하지만 공리주의의 입장도 몇 가지 한계가 있습니다.

첫째, 공리주의가 말하는 성과, 이익, 행복, 쾌락, 효용을 구체적으로 정확하게 측정하기가 쉽지 않습니다. 노숙자 보호시설을 운영함으로써 혐오감의 고통이나 자비심의 고통이 얼마나 줄어들지를 측정할 마땅한 방법이 없습니다. 노숙자 보호시설의 운영으로 인하여 줄어드는 경찰의 비용이 정확히 얼마일지, 가게의 장사가 얼마나 더 잘될지, 동네의 집값과는 어떠한 관계에 있는지를 측정할 때 매우 다양한 기준을 적용할 수 있고 각각의 기준마다 다른 결론이 나올 수 있습니다.

둘째, 공리주의는 성과나 이익만 생각하느라 다른 중요한 가치 판단을 외면하거나 대체로 과거의 가치 판단에 얽매이는 경향이 있습니다. 노숙자들과 시민들을 분리하는 것이 이익인 것처럼, 성적이 좋은 학생과 성적이 나쁜 학생을 학교에서 분리해야 하나요? 남자와 여자, 피부색이 다른 사람들도 각각 문화가 서로 다르므로 생활의 영역에서 가능하면 분리해야 할까요? 가치 판단에 따라 다양한 의견이 있을 수 있습니다. 과거의 가치 판단에서 벗어나 새롭게 생각해야 할 것이 있습니다.

공리주의도 이러한 한계에 대해 나름의 해결책을 가지고는 있습니다. 공리주의의 대표적인 해결책은 다수결의 원칙입니다. 사람의 행복은 정확히 측정하기도 어렵고, 여기에 더해 다양한 가치를 고려하는 것 역시 쉽지 않으니, 차라리 기계적으로 한 사람당 한 표의 행복을 행사하도록 하여 모든 문제를 다수결로 결정하면 된다는 주장입니다. 다수결은 가장 많은 수의 사람을 행복하게 하는 결정, 즉 '최대 다수에게 최대 행복'을 주는 방법이라고 합니다. 그리고 한 사람당 무조건 '한 표의 행복권'만 행사할 수 있도록 하였으니 모두에게 평등한 해결책이기도 합니다. 실제로 현대 국가에서는 다수결의 원칙으로 해결하는 것이 적지 않습니다. 대통령, 수상, 국회의원처럼 국민의 대표자를 뽑는 선거에서도 다수결의 원칙을 적용하여 해결하고 있습니다.

그러나 다수결로 결정하기에 적절하지 않은 것이 적지 않습니다. 인간의 존엄을 존중하여야 하는 것, 개인의 완전한 자유에 맡겨야 하는 것, 과학적 또는 전문적 판단에 맡겨야 하는 것, 눈에 쉽게 보이지 않는 중요한 이익까지 충분히 숙고해야 하는 것 등은 다수결로 해결할 수가 없습니다. 예를 들어 어느 날 갑자기 왼손잡이 사람들을 모두 노예로 삼자고 다수결로 결정하자고 하여서 우리 사회를 하루아침에 왼손잡이 노예사회로 만들 수는 없는 노릇입니다. 어떤 가치를 존중하고 추구해야 할 것인지에 대해 깊이 토론해야 할 것이 많습니다.

현실과 공리주의: 비용-이익 분석

공리주의에 대한 이러한 비판이 있지만 우리는 철저히 공리주의의 사회에 살고 있습니다. 국가가 정책을 결정할 때 사회 전체에 어떤 이익과 행복을 주는지의 관점에 서서 결정합니다. 각각 얼마의 비용이 들고 그것으로 각각 어떠한 이익이 있는지, 즉 비용-이익(편익) 분석 기법을 적용하여 결정합니다. 국가가 불행한 사람을 돕겠다는 결정을 할 때에도 얼마의 비용이 들어가는지 계산하지 않을 수 없고, 누구에게 어떠한 이익이 되는지 계산하지 않을 수 없습니다.

우리는 개인으로서도 철저한 공리주의자입니다. 인생의 무슨 결정을 할 때 역시 비용과 이익을 따져 봅니다. 국가가 정책을 결정할 때 하는 비용-이익 분석과 완전히 같습니다. 불행한 사람을 돕고 싶은 기분이 들 때 당연히 내게 부담되지 않는 비용을 들여야 한다고 생각합니다. 기부하여 세금을 감면받는 등의 이익을 생각하고 그러한 이익마저 없다면 불행한 사람을 돕고 싶은 기분을 달랠 수 있는 정도만 기부합니다. 우리는 자신의 행복과 이익의 계산에 매우 능한 사람들입니다.

04
무지의 장막

자유주의와 공리주의의 세상에 살고 있던 우리에게, 철학자 롤즈는 1971년 〈정의론〉이라는 책을 통해 '무지의 장막' 이야기를 들려주었습니다. 롤즈는 이 이야기를 통해 자유주의와 공리주의를 넘어, 우리의 삶에서 근본적으로 행복과 불행을 어떻게 이해하고 다루어야 할지 깊이 생각하게 했습니다.

무지의 장막 사례: 우연의 세상

한번 상상해 보세요. 당신은 이 세상에 태어나기 직전의 순간에 있습니다. 그런데 당신과 이 세상 사이에는 거대한 장막^{veil}이 쳐 있습니다. 이 거대한 장막으로 인해 당신은 언제, 어디서, 어떻게 태어날지 전혀 모릅니다. 노예제 사회의 노예로 태어날 수 있고, 중세시대의 영주로 태어날 수도 있습니다. 어떤 시대, 지역에 태어나 어떤 인종, 계급에 속할지 모릅니다. 남자일지, 여자일지도 모르며, 건강할지 아니면 신체나 정신에 장애가 있을지도 모릅니다. 부모가 누구인지도 모릅니다. 부모의 경제력과 가치관은 자식의 교육 기회와 삶의 태도에 많은 영향을 주는데, 당신이 어떤 교육을 받을 수 있을지, 부모로부터 어떤 가치관을 가장 많이 접하게 될지도 모릅니다. 부모의 유전이나 양육 태도는 아이의 지능이나 성격에 영향을 많이 주는데, 당신의 타고난 수리적 지능이 얼마나 뛰어날지, 예술적 감성은 얼마나 풍부할지, 반항적인 기질일지 순응적인 기질일지 모릅니다. 당신과 세상 사이에 쳐진 이 거대한 장막으로 인해 당신은 언제, 어디서, 어떻게 태어날지 아무것도 모르는 무지^{ignorance}의 상태입니다. 그래서 이 장막의 이름이 '무지의 장막^{veil of ignorance}'입니다.

이러한 상황에서 당신이 곧 태어날 세상의 사회제도를 당신 마음대로 만들 수 있다면 어떻게 만들겠습니까? 생각해 보세요. 사회제도를 마음대로 만들 수 있다고 하더라도 걱정이 많을 겁니다. 사회제도를 어떻게 만들어 두더라도 그 사회에서 어떻게 태어날지 모르는 무지의 상태이므로 그 사회제도가 내게 유리할지 또는 불리할지 알수 없기 때문입니다. 당신은 신분 사회, 계급 사회를 만들 생각을 잠시 해볼 수 있습니다. 하지만 그곳에서 노예로 태어나기라도 하면 한평생 험난한 삶을 살아야 합니다. 신분이나 계급은 한번 정해지면 개인이 변화시킬 수 없습니다. 그래서 아마도 당신은 일단, 신분 사회나 계급 사회가 아니라 능력에 따라 보상받는 사회, '능력주의' 사회를 만들어 두려고 할 겁니다.

신분이나 계급보다 능력은 개인이 변화시켜 볼 여지가 많아서 괜찮을 것 같기는 하지만, 여전히 많은 걱정이 남아 있습니다. 당신이 건강할지 신체나 정신에 장애가 있을지 모른다고 했습니다. 신체나 정신에 장애가 있으면 훌륭한 능력을 갖추기 위해 극복할 것이 적지 않습니다. 당신의 부모가 어떤 사람일지 모른다고 했습니다. 부모의 유전, 경제력, 가치관, 양육 태도 등도 당신의 능력에 많은 영향을 미칩니다. 능력을 갈고닦기 위해 노력하면 된다고 생각할 수 있겠지만, 노력하는 것도 그렇게 할 만한 성격이 필요합니다. 그리고 그러한 성격은 개인이 선택할 수 없는 경우가 많습니다. 롤즈의 다음과 같은 의견에 수긍하는 사람이 많을 겁니다.

> "능력 계발의 노력을 다하는 그 훌륭한 성격이 자신의 것이라고 하는 주장은 문제가 있다. 왜냐하면, 그러한 성격은 많은 경우 어린 시절의 유복한 가정과 사회적 상황에서 비롯되는데 이러한 것을 자신의 것이라고 주장할 수는 없기 때문이다."★

★ John Rawls, 〈A Theory of Justice〉, Harvard University Press(1971, 1999), Chapter Ⅱ, 17의 8번째 문단(p.89), "That we deserve the superior character that enables us to make the effort to cultivate our abilities is also problematic; for such character depends in good part upon fortunate family and social circumstances in early life for which we can claim no credit."

제7장
정의론

그렇다면 어떻게 해야 할까요? 아마도 당신은 신분이나 계급이 아니라 능력에 따라 보상받는 능력주의 사회를 만들기는 하되, 어떻게 태어날지 모르는 자신을 위해 수많은 '안전장치'를 만들어 두려고 할 겁니다. 신체나 정신에 장애가 있는 사람들은 능력과 상관없이 특별히 보호받도록 할 것이고, 부모의 유전, 경제력, 가치관, 양육 태도 등으로 능력을 갖추기에 불리한 처지에 있는 사람들도 적절히 보호받을 수 있도록 할 겁니다. 능력주의 사회를 만들기는 하되, 개인이 어쩔 수 없는 사정으로 행복과 불행이 결정적으로 좌우되지는 않도록 할 겁니다. 이 세상에서 어떻게 태어날지 모르는 무지의 장막을 앞두고서는 이런 사회를 만들어 두겠다는 것이 가장 합리적인 태도입니다.

공정으로서의 정의

롤즈는 당신이 무지의 장막 뒤에서 합리적이라고 생각한, 바로 그 사회가 정의로운 사회의 모델이라고 말합니다. 그는 우리 삶에서 발생하는 우연한 사정, 즉 신분, 계급, 인종, 성별, 장애 여부, 부모의 유전·경제력·가치관·양육 태도 등 우리가 개인적으로 어떻게 할 수 없는 사정이 우리의 행복과 불행을 결정적으로 좌우하지 않도록 하는 상태를 '공정fairness'이라고 부르자고 합니다. 이러한 공정이 우리가 흔히 말하는 '정의justice'의 핵심적인 요소가 되어야 한다고 주장합니다. 그래서 롤즈는 자신의 정의론을 '공정으로서의 정의justice as fairness' 론이라고 합니다.

롤즈는 '공정으로서의 정의'가 무지의 장막에 처한 인간이 자신의 이익을 위해 선택하게 되는 '합리성(이성)'이기도 하지만, 이것은 동시에 우리의 '정의감(감정)'에도 부합한다고 합니다. 우리는 누군가의 불행이 그가 어떻게 할 수 없는 우연한 사정에서 비롯된 불행이라고 생각한다면, 내게도 찾아올 수 있는 불행이 우연히 그에게 찾아간 것으로 느껴져서 서로 도와야 한다는 의무감과 같은 감정을 가지게 됩니다. 그는 이 감정의 이름이 바로 '정의감'이라고 합니다.

제7장
정의론

05
차등의 원칙

처음에 했던 질문으로 돌아가 보겠습니다. 왜 불행한 사람들을 도와야 할까요? 자유주의는 불행한 사람을 도와야 할 의무가 본래 없다고 답하였고, 공리주의는 불행한 사람을 도우면 우리에게 이익이 되기 때문이라고 답하였습니다. 롤즈는 사람들의 불행은 '우연한 사정'에서 비롯된 것이 적지 않으며, 우연한 사정에서 비롯된 불행은 개인이 홀로 책임지는 것이 아니라 사회가 함께 책임지도록 하는 것이 합리적이기 때문이라고 답변합니다.

롤즈의 이야기를 조금 더 들어 보겠습니다. 우연한 사정에서 비롯된 불행을 사회가 함께 책임을 진다는 것은 어떤 의미일까요? 사회가 어떻게 함께 책임을 질 수 있을까요?

차등의 원칙의 방법: 공동자산의 사용

롤즈는 우연적 사정에서 비롯된 것에는 불행만이 있는 것이 아니라 행운도 있다는 점을 지적합니다. 우연한 사정으로 행운을 누리는 사람들이 가진 능력과 성과를 사회의 공동자산으로 보고 이를 서로 나누어야 한다는 것입니다. 이러한 공동자산은 사회에서 우연한 사정으로 불행을 겪는 사람들, 특히 주로 가장 불행을 겪는 사람들에게 도움이 되도록 사용되어야 한다고 봅니다.

예를 들어 체임벌린의 농구 실력은 그의 연구와 연습 덕도 있지만, 신체적 장애가 없다거나 정신이나 체력적으로 농구라는 운동에 적합하게 태어난 좋은 운 덕분도 있습니다. 농구라는 운동 종목이 존재하고, 그가 농구가 인기가 있는 나라와 시대에 태어난 것도 좋은 운입니다. 만약 그가 우연한 사정으로 노예제 사회에서의 노예로 태어났다면 그의 운명은 많이 달랐을 겁니다. 체임벌린은 이렇게 우연한 사정의 덕을 보았으므로 그의 재산 중 일부는 우연한 사정의 탓으로 불행을 겪는 사람들, 특히 매우 불행을 겪는 사람들에게 사용되도록 하는 것이 합리적이라고 합니다. 예를 들어 장애인들을 위한 의료지원금 같은 것으로 말입니다. 이것이 바로 우연한 사정에서 비롯된 불행을 사회가 함께 책임을 진다는 의미입니다. 이것이 바로 롤즈의 저 유명한 '차등의 원칙difference principle'입니다.

"차등의 원칙이란 천부적인 능력이 처음 배분된 상태를 어느 정도 공동의 자산이라고 여기고 더욱 큰 사회적·경제적 이익을 위해 이 배분에 보완을 가하자고 합의하는 것이다. 천부적으로 혜택을 받은 사람들은 그들이 누구일지라도 그러한 혜택이 불운을 겪고 있는 사람들에게 도움이 될 수 있도록 사용하는 조건에서 자신의 혜택을 누릴 수 있는 것이다."[★]

요컨대 롤즈의 '차등의 원칙'이란, 사람들이 겪는 우연한 사정에서 비롯된 불행을 사회가 함께 책임지는 것이 합리적이므로, 우연한 사정에서 비롯된 행운을 누리는 사람들의 능력과 성과를 이용해서 그들을 도와야 한다는 것입니다.

차등의 원칙의 한계: 상호이익의 범위

그런데 롤즈의 차등의 원칙은 무제한으로 적용되는 것은 아닙니다. 행운을 가진 사람들이 불행을 겪는 사람을 돕는 것은 상호이익mutual

---

[★] John Rawls, 〈A Theory of Justice〉, Harvard University Press(1971, 1999), Chapter II, 17의 4번째 문단(p.87), "The difference principle represents, in effect, an agreement to regard the distribution of natural talents as in some respects a common asset and to share in the greater social and economic benefits made possible by the complementarities of this distribution. Those who have been favored by nature, whoever they are, may gain from their good fortune only on terms that improve the situation of those who have lost out."

benefit이 존재하는 한에 있어서일 뿐이라고 합니다. 롤즈는 사회 집단과 계층은 서로 긴밀히 연결되어 있어서close-knit, 행운을 가진 사람이 불행을 겪는 사람을 돕는다면 어느 정도까지는 사회 전체에 이익이 발생하겠지만, 그것도 어느 지점을 넘어가면 사회 전체에 이익이 발생하지 않는 지점, 즉 상호이익이 발생하지 않는 수준이 생길 것이라고 합니다. 상호이익이 발생하지 않는 수준까지 과도하게 차등의 원칙을 적용하는 것은 오히려 모두에게 손해라고 합니다. 롤즈는 차등의 원칙이 누군가가 다른 사람을 도울 때 사회 전체에 불이익이 되거나 비효율을 가져오지 않는 범위에서만 정당화될 수 있다고 합니다.

"사회에 미치는 효과가 일단 곡선의 최고점을 넘어서서 하향 국면에 들어서면 더는 이익의 조화는 존재하지 않는다. 혜택을 받은 자가 이익이나 손해를 보면 그 반대로 불운을 겪는 자가 손해나 이익을 보는 역관계가 생기기 때문이다. 따라서 이익의 조화는 주어진 여건 아래에서 상호이익이 되는 기준을 충족시키는 영역에 머무르는 것이 가장 이상적이라고 할 수 있다."★

★ John Rawls, <A Theory of Justice>, Harvard University Press(1971, 1999), Chapter II, 17의 9번째 문단(p.90), "The Once a society goes beyond the maximum it operates along the downward sloping part of the curve and a harmony of interests no longer exists. As the more favored gain the less advantaged lose, and vice versa. Thus it is to realize the ideal of the harmony of interests on terms that nature has given us, and to meet the criterion of mutual benefit, that we should stay in the region of positive contributions."

차등의 원칙의 문제: 우연과 선택은 섞여 있다

롤즈의 이론인 무지의 장막, 공정으로서의 정의, 차등의 원칙에 대하여도 비판이 많습니다.

첫째, 우리의 행복과 불행이 우연한 사정으로 결정되기도 하지만, 우리의 삶이 오로지 우연한 사정으로만 결정되는 것은 아닙니다. 우리의 삶에서는 여전히 선택의 기회가 있는 경우가 많고, 우리가 한 스스로의 선택이 우리의 행복과 불행에 많은 영향을 미치는 것을 부인할 수 없습니다. 롤즈는 우리의 삶이 대체로 우연한 사정으로 이루어져 있다고 보고 있지만, 보기에 따라서 우리의 삶은 적지 않은 부분이 선택의 기회로도 이루어져 있습니다. 우연한 사정과 선택의 기회, 두 영역의 범위와 관계를 구체적으로 규명할 필요가 있습니다.

둘째, 행운을 가진 사람들이 불행을 겪는 사람들을 도와야 하는 사실은 기본적으로는 수긍한다고 하더라도, 롤즈는 어떤 행운을 가진 사람이 어떤 불행을 가진 사람을, 그리고 어느 정도 도와야 하는지에 대하여 구체적인 기준을 제시하지 못하고 있습니다. 우리의 삶에서 우연한 사정의 종류와 정도도 각각 다를 것이고 그로 인한 행운이나 불행의 종류와 정도도 각각 다릅니다. 어떤 종류의 우연한 사정에서 비롯된 어떤 정도의 행운을 가진 사람이 어떤 종류의 우연한 사정에서 비롯된 어떤 정도의 불행을 겪은 사람을 어느 정도 도와야 하나요? 롤즈는 이러한 질문에 대한 답변을 준비하지 못했습니다.

롤즈의 기여: 우연을 다루는 방법

이러한 문제에도 불구하고 롤즈는 인간의 행복과 불행에 대하여 그 동안 우리가 간과하고 있었던 아주 중요한 사실을 우리에게 상기시 켰습니다. 우리는 근본적으로 '우연의 세상'에 살고 있다는 사실 말입니다.

우리는, 누군가 겪고 있는 불행은 따지고 보면 그가 잘못해서라기보다는 우연한 사정에서 비롯된 것이 적지 않으며, 누군가의 행운도 따지고 보면 그가 잘해서라기보다는 우연한 사정에서 비롯된 것이 적지 않은 것을 잘 알고 있습니다. 특히 누군가에게 일어난, 그가 미처 어떻게 할 수 없었던 불행을 보고서 그런 일이 발생하지 않은 나의 행운에 안도감을 느낄 때, 우리는 이 점을 새삼 상기하게 됩니다.

하지만 그동안 우리는 이 엄연한 사실을 어떻게 다루어야 할지 몰랐습니다. 그런데 롤즈는 우리 삶에서의 이렇게 중요한 사실을 토론의 중심으로 가져왔습니다. 그리고 이것을 어떻게 다루는 것이 좋은지, 하나의 방법을 매우 잘 보여 주었습니다. 롤즈의 이러한 시도를 계기로 철학이나 정치학에서는 '정의론'이라는 학문 체계가 새로이 정립될 정도였습니다. 롤즈는 철학자가 하여야 할 가장 중요한 임무를 수행한 것입니다.

06
복지제도

롤즈의 '차등의 원칙'은 많은 학자에게 정의란 무엇인가에 관한 관심을 불러일으켰습니다. 그들 중 법철학자 드워킨^{Dworkin}은 롤즈의 이론을 계승하고 발전시켜서 2000년에 출간한 〈국가의 미덕^{Sovereign Virtue}〉을 통해 '가상의 보험'이라는 이론을 제안하였습니다. 이 가상의 보험 이론에서 현대 국가의 복지제도에 대한 철학적 근거를 발견할 수 있으며, 동시에 복지제도가 가지는 현실적 한계도 확인할 수 있게 되었습니다. 드워킨의 이 '세련된' 이론을 음미해 보겠습니다.

선택의 의미

우리는 완전히 '우연'의 세상에서만 살아가는 것은 아닙니다. 우리는 우리의 삶에서 끊임없이 '선택'을 합니다. 우리의 삶에는 우연과 선택이 서로 섞여 있습니다.

당신은 직장에서 퇴근한 후에도 다른 공부를 하며 새로운 사업을 준비했습니다. 반면에 당신 친구는 퇴근한 후에는 TV를 보거나 쇼핑하며 시간을 보냈습니다. 두 사람은 성향과 신념이 달라서 이렇게 다른 선택을 한 것일 뿐이므로 이러한 선택에 대해 누구를 칭찬하거나 비난할 일은 아닙니다. 수년이 지난 후 당신의 사업은 대대적인 성공을 거두었습니다. 그런데 롤즈가 갑자기 찾아와, 당신의 사업적 성공은 모두 우연한 사정에서 비롯된 행운이므로 사업에서 얻은 이익을 당신 친구와 나누라고 한다면 어떨까요?

당신은 쉽게 수긍하지 못할 겁니다. 당신의 성공은 자신의 성향과 신념에 따라 수년 동안 자신의 삶에 대한 신중한 선택을 통해 이루어 낸 결과입니다. 롤즈의 갑작스러운 이러한 주장은 당신이 그동안 하였던 선택을 완전히 무의미하게 만들어 버리는 일이 될 겁니다.

드워킨의 주장이 바로 이것입니다. 그는 우리가 근본적으로 우연의 세상에 살고 있다는 롤즈의 주장에 동의하면서도, 롤즈와 달리 우리의 삶에는 우연의 영역만이 아니라 선택의 영역도 남아 있다고 말합니다. 그는 장애, 질병과 같이 개인이 어쩔 수 없는 우연의 영역에서 발생한 일은 롤즈의 말처럼 사회가 함께 책임져야 하겠지만, 성향이나 신념에 따라 개인이 적극적으로 자신의 삶을 만족시키고자 하는 선택의 영역에서 발생한 일은 개인이 홀로 책임져야 한다고 합니다.

우리의 삶에는 우연의 영역과 선택의 영역이 구별되고 사회는 우연의 영역에 대해서만 함께 책임지면 된다는 주장은 롤즈 이론과 드워킨 이론의 첫 번째 차이점입니다.

> "만일 시각장애인으로 태어났거나 평범한 재능조차 없이 태어났다면 이것은 전적인 운brute luck 탓이다. 정의로운 사회라면 그의 이러한 불운을 보상해 줄 만하다. 그러나 일찍부터 사치품을 좋아했거나 일하기를 싫어했거나 보수가 좋지 않은 직업을 선택하였고 그래서 그가 지금 가진 것이 없다면 이것은 선택의 결과이지 운이라고 할 수 없다. 그는 다른 사람에게 보상을 요구할 권리가 없다."[★]

★ Ronald Dworkin, 〈Sovereign Virtue〉, Harvard University Press(2000), Part 1, Chapter 7, II번의 2번째 문단, "If someone is born blind, or without the talents that others have, then that is his brute bad luck. And a just society will compensate him for that bad luck, so far as possible. But if he has fewer resources now because he chose to spend more earlier on luxuries, or because he chose not to work, or chose to work in a less remunerative occupation than others chose, then his situation is the result of choice, not luck, and he is not entitled to any compensation that would make up his present shortfall."

가상의 보험: 선택의 존중

그런데 여기서 장애, 질병과 같은 우연의 영역에서 일어나는 일에 대해 사회가 함께 책임을 진다는 것은 구체적으로 어떻게 하자는 것일까요? 드워킨은 롤즈와 같은 방법을 택할까요?

드워킨은 국가는 '무지의 장막'이 쳐진 상태에서 곧 태어나려는 사람들을·대상으로 '가상의 보험hypothetical insurance'을 운영해야 한다고 제안합니다. 국가가 장애 보험, 질병 보험을 국가 제도로 만들어 운영해야 한다는 말입니다.

무지의 장막 뒤에 있는 당신은 장애를 갖고 태어날지 또는 살다가 어떤 질병에 걸릴지를 전혀 모르는 상태입니다. 이때 국가는 당신이 장애나 질병을 겪든 어떻게 되든 당신의 재산이나 소득에서 일정 부분을 '보험료'처럼 지급하도록 '조세제도'를 만들어 두고, 당신이든 누구든 무지의 장막을 넘어와 장애를 가지게 되거나 살면서 질병을 겪게 되는 경우 '보험금'처럼 혜택을 받을 수 있도록 장애 복지나 의료 복지의 '복지제도'를 운영해야 한다는 것입니다. 실제로 현대 국가는 국민이 태어나기 전부터 전 국민을 대상으로 조세제도를 마련하고 복지제도로서 장애인 지원제도, 의료보험제도 등을 운영하고 있습니다.

우연의 영역에 대해 사회가 함께 책임지는 방식으로 국가가 보험제도를 운영하듯 복지제도를 운영해야 한다는 드워킨의 주장은 독특합니다. 그리고 롤즈와 조금 다릅니다. 드워킨은 롤즈가 차등의 원칙에서 말한 것과 같은 이른바 사후적 보상(결과의 평등)은 국가 재정상 거의 불가능하고 비현실적이라고 합니다. 시각장애와 같은 심각한 불행을 국가가 완전히 보상할 수준의 보험금은 상상할 수 없을 정도로 큰 금액일 것이기 때문입니다. 더욱이 사후적 보상은 우연의 영역과 선택의 영역이 혼재된 경우 우리의 삶에서 선택을 무의미하게 만들기도 합니다. 사후적으로 동등하게 된다면 아무도 신중히 선택하며 살 필요가 없기 때문입니다.

사회가 우연의 영역에 대하여 책임을 지더라도 사전적 보상, 즉 보험제도와 같은 방식으로 책임져야 한다는 것, 이것이 롤즈와 드워킨의 두 번째 차이점이라고 할 수 있습니다. 드워킨은 사람들이 사는 데 필요한 수단을 자원resource이라고 부르고, 사전적 단계에 있어서 자원의 평등equality of resources을 조성하는 것이 곧 정의로운 것이라 봅니다. 그래서 그의 정의론을 '자원의 평등' 이론이라 부르기도 합니다.

재능의 부족: 우연의 영역인가, 선택의 영역인가?

그런데 논란이 되는 문제가 하나 있습니다. 장애, 질병은 우연의 영역이고, 성향, 신념은 선택의 영역이라고 한다면, 재능은 어떨까요? 재능은 우연의 영역일까요, 아니면 선택의 영역일까요?

드워킨은 재능은 '우연'의 영역에 속하는 것이라고 주장합니다. 예상과 달랐나요? 드워킨은 재능의 부족을 일종의 장애처럼 생각하자는 것입니다. 재능은 대체로 타고난 것이기도 하고, 재능을 행사하는 과정에서도 시장의 상황 등 운의 영향을 받기도 합니다. 전적인 운brute luck도 있지만, 선택의 영역에서도 운이 작용하므로 선택의 운option luck도 있다고 합니다.

드워킨이 재능을 우연의 영역으로 다루려는 이유 중 하나는, 누군가의 특별한 재능은 하나의 긴밀한 경제 내에서 다른 사람의 기회와 이익을 감소시키는 악영향을 미치기 때문이라는 것입니다. 그래서 국가가 장애를 다루듯 재능의 부족을 다루어 하나의 긴밀한 경제 내에 사는 사람들 사이에서 계속 조정할 필요가 있다는 것입니다. 드워킨은 예를 들어 당신이 토마토 농사에 특별한 재능이 있어서 최고의 토마토를 생산하게 된다면, 그것으로 인해 토마토 농사에 재능이 부족한 사람들에게 그들의 토마토 판매 기회와 이익이 줄어들게 된다고 설명합니다. 이 점에서 드워킨은 자신의 자원의 평등 이론은 결과의 평등(사후적 보상)과도 다르지만, 선택의 기회를 주고 그이후 다른 사람에게 미치는 영향을 전혀 고려하지 않는 기회의 평등(타인 비고려)과도 다르다고 주장합니다.

드워킨의 이 말에 동의하는가요? 재능이 우연의 영역이라는 드워킨의 주장에 대해서는 비판이 적지 않습니다.

첫째, 재능은 성향, 신념 등 선택의 영역과 밀접히 연결되어 있습니다. 우리는 성향, 신념에 맞는 재능에 대해 더 관심을 가지고 노력하고 발전시킵니다. 재능 중 일부는 우리가 선택한 결과입니다. 재능이 우연의 영역에서 일어나는 것이라고는 볼 수 없습니다.

둘째, 누군가의 특별한 재능은 다른 사람의 기회와 이익을 감소시키기도 하겠지만, 오히려 증대시키는 경우도 적지 않습니다. 당신의 토마토 농사 사업이 커지면 하나의 긴밀한 경제 내에 토마토 관련 사업에 더 많은 일자리가 생길 수 있습니다. 당신의 훌륭한 토마토 농사 기술이 전파되면 다른 사람의 토마토 생산 효율성이 높아질 수 있습니다. 당신이 재능을 발휘하면 그것이 다른 사람의 기회를 잃게 만들기도 하겠지만, 다른 사람에게 기회가 생기게 하는 일도 이루 말할 수 없이 많습니다.

셋째, 이것은 드워킨 자신의 비판입니다. 재능을 가진 자가 재능이 부족한 자에 대해 보상해야 한다면 재능을 가진 사람에게 선택의 자유가 침해되는 결과가 발생합니다. 국가가 재능이 부족한 사람에게 보상하기 위하여 운영하는 가상의 보험 중 '재능 보험'이 있다고 생각해 보겠습니다. 당신이 매력적인 외모 또는 훌륭한 체력을 가지고 태어났다면, 당신의 개인적인 선호나 신념에 따라 학자의 삶을 선택하고 싶더라도 재능 보험의 높은 보험료를 마련하기 위해서 당신은 가지고 태어난 재능에 맞추어 영화배우나 운동선수의 인생을 살아야 합니다. 모두가 재능 보험에 가입된 이상, 당신에게는 선택의 여지가 없습니다. 드워킨의 말처럼, 당신은 재능의 노예가 됩니다.

여기에 대해 드워킨은 국가가 보험회사가 하듯 정교하게 보험설계를 하면 이 문제를 극복할 수 있다고 반론하기도 하지만, 재능과 관련한 상황을 모두 계량화하여 설계하는 것은 현실적으로 불가능합니다. 그래서 대부분 국가는 재능과 관련하여, 재능이 있어서 소득이 높은 사람들에게 소득세를 부과하고, 직업이나 직장이 바뀌는 과정에서 한동안 실업 상태에 있는 사람들에게 실업급여를 지급하는 정도로 만족합니다. 드워킨의 이론에 의하면 소득세와 실업급여가 낮은 수준의 재능 보험이라고 할 수 있습니다.

복지제도의 한계: 철학적 합의, 정치적 과정

드워킨의 가상적 보험 이론은 복지제도를 어떠한 근거에서 설계해야 할지를 알려 주기도 하지만, 복지제도의 한계가 무엇인지 여실히 드러내 보입니다.

첫째, 사회가 보상해야 할 범위에 관하여 사람들이 철학적으로 합의할 수 있을까요? 드워킨의 논의를 참고해서 우리의 삶은 우연의 영역과 선택의 영역으로 나누어져 있다고 생각해 보겠습니다. 복지제도는 우리의 삶에서 장애, 질병 등 우연의 영역에서 발생하는 불행을 사회가 책임지는 제도입니다. 국가와 국민이 우리의 삶 중 우연의 영역을 넓게 인정하면 인정할수록 그만큼 복지제도에서 포함되는 삶의 영역이 넓어질 것입니다.

그런데 우리의 삶 중 어디까지가 우연의 영역인지, 어디까지가 선택의 영역인지에 관하여 국민적 토론과 합의가 쉽지는 않을 것입니다. 대표적인 것이 바로 재능의 부족에 관한 드워킨의 논의입니다. 재능의 부족은 우연의 결과인가요, 아니면 선택의 결과인가요? 과연 사회는 누군가의 재능 부족에 대해 함께 책임을 져야 하는가요? 여기에 대해서는 국민 사이에 수많은 이견이 있을 겁니다.

둘째, 사람들의 철학적 합의가 가장 어렵겠지만 설령 철학적 합의가 있다고 하더라도 이에 대한 정치적 과정도 쉽지 않은 일입니다. 자유주의자 노직은 매우 불행한 사람들에게 가장 이익이 되는 복지제도가 왜 정치적으로 실현될 수 없는지에 대하여 설명한 적이 있습니다. 매우 불행한 사람들(하부계층)에게 가장 도움이 되는 복지제도(차등의 원칙)에는 매우 큰 사회적 비용(세금)이 들어갑니다. 그래서 가장 혜택을 많이 받은 사람들(상부계층)은 투표의 결과를 좌우할 수 있는 중간계층과 연합하여, 사회적 비용(세금)이 그나마 덜 들어가는 복지제도로서 중간계층에게 가장 이익이 되는 복지제도를 실현한다고 합니다. 철학적 합의가 있다고 하더라도 정치적 과정이 만만한 일이 아님을 보여 줍니다.

> "하부계층과 중간계층과의 투표 연합은 발생하지 않을 것이다. 상부계층이 투표의 결과를 좌우할 수 있는 중간계층을 이익을 주겠다며 매수하는 것이 훨씬 비용이 덜 들어가기 때문이다. 이것을 이해하면 왜 많은 재분배정책이 주로 중간계층에게 이익을 주는 내용이 되는지 이해할 수 있을 것이다."★

현실에서는 상부계층, 중간계층, 하부계층의 이해 대립만 있는 것이 아닙니다. 수많은 집단이 각자의 이해관계를 내세워 서로 연합하고 갈등하며 누구를 위한 복지제도와 조세제도인지 알지 못하게 될 수도 있습니다. '기본소득'과 같이 우연의 영역이든 선택의 영역이든 상관없이 국민에게 무차별적으로 푼돈을 나누어 주자는 인기 영합적 주장도 등장할 겁니다. 우연의 영역에서 일어나는 일에 대해 사회가 함께 책임을 지도록 하자는 복지제도의 철학적 근거마저 허

★ Robert Nozick, 〈Anarchy, State, and Utopia〉, Basic Books(1974), Part 2, Chapter 8(p.275), "A voting coalition from the bottom won't form because it will be less expensive to the top group to buy off the swing middle group than to let it form. In answering one puzzle, we find a possible explanation of the other often noticed fact: that redistributive programs mainly benefit the middle class."

무는 주장입니다.

사람들은 막연하게, 현대 국가의 책무가 훌륭한 복지제도를 갖추는 것이라고만 생각합니다. 그러나 드워킨의 가상적 보험 이론 등으로 복지제도의 본질을 면밀하게 살펴보면, 어떠한 내용의 복지제도를 추구할 것인지부터 사람들 사이에서 철학적 합의를 이루기가 쉽지 않고, 나아가 그러한 합의를 실현할 정치적 과정도 만만한 일이 아님을 알 수 있을 겁니다.

07
불완전한 세상

우리는 태어나면서 이미 '무지의 장막'을 넘어 불완전한 세상에 던져졌습니다. 이 불완전한 현실의 세상에 언제쯤 롤즈의 차등의 원칙과 드워킨의 가상의 보험 이론이 실현될까요?

가상의 보험과 선택의 삶

국가가 완벽한 가상의 보험제도를 갖추어 두고 모든 우연한 불운에 대해 충분히 보상하겠다고 하는 '완전한 세상'을 만들기는 쉽지 않습니다. 우리의 삶 중 어디까지가 우연의 영역인지, 어디까지가 선택의 영역인지에 관하여 국민적 토론과 합의가 쉽지는 않을 것입니다. 재능 부족을 사회가 함께 책임져야 할지 개인이 홀로 책임져야 할지에 대해 영원히 토론해야 할 수도 있습니다. 복잡한 정치적 과정을 거치면서 다양한 집단의 이해관계가 투영되어 최초에 생각했던 철학적 합의가 무엇인지 기억하지도 못할 것이고 누구를 위한 복지제도인지 정확히 설명할 수도 없을 것입니다. 세상은 앞으로도 이렇게 오랫동안 불완전한 세상으로 존재할 것입니다.

국가가 마침내 완벽한 가상의 보험제도를 갖추어 두고 모든 우연한 불운에 대해 충분히 보상하겠다고 하는 완전한 세상을 만들었다고 하더라도, 드워킨의 이론에서 보았듯이, 우리는 선택의 영역에 남아 있는 선택의 가치와 자유를 국가나 사회에 빼앗기지 않으려고 할 겁니다. 자신의 삶을 자신의 성향과 가치 판단에 따라 선택하고, 설계하며, 책임지고 살아가기를 원할 겁니다. 차라리 선택의 과정에서 불가피하게 발생하는 불안과 고통을 감수하겠다고 할 겁니다. 그러한 의미에서 설령 완벽한 가상의 보험제도가 갖추어진 세상에서 살고 있다고 하더라도, 우리가 선택의 영역에서의 자유로운 삶을 포기하지 않는 한 우리는 영원히 불완전한 세상에서 살게 될 것입니다.

우리는 선택의 영역에서 자유롭게 선택하고자 하므로 그만큼 세상은 불완전한 것입니다. 우리가 우리의 삶을 자유롭게 선택하고자 우리는 세상을 계속해서 불완전한 곳으로 남겨 두고 감당하는 것입니다.

우연의 영역과 선택의 삶

그런데 사실은, 우리는 우연의 영역에서도 선택의 삶을 삽니다. 우연의 영역에서도 우리는 끊임없이 선택하기 때문입니다.

우리의 삶에 우연의 영역에서 어떤 불행이 발생했다고 생각해 보겠습니다. 예를 들어 질병이 발생하여 건강이 나빠질 수 있습니다. 그질병은 우리 삶에서 우연히 일어난 불행으로 확정되고 그렇게 종결되고 마는 걸까요?

그렇지 않습니다. 우리는 이 질병을 내 인생에서 그대로 놔두지 않습니다. 우리는 이 질병을 삶의 엄연한 일부로 감당하기로 하고 우리의 성향과 신념을 기반으로 무엇인가 선택하고 결정합니다. 질병과 관련하여 어떻게 치료할지 선택하고 새로운 생활습관을 만들기도 합니다. 질병이 발생하고 치료하는 과정에서 그 무렵, 우리는 자신에 관해 수많은 다른 선택도 합니다. 새로운 사업을 시작하기도하고, 과거의 인연을 정리하기도 합니다. 이러한 선택은 질병과 관련한 여러 선택과 서로 섞이고 섞입니다. 언뜻 보기에 불행처럼 보이는 것도 내 삶에 등장하는 순간 나의 수많은 선택과 마구 뒤섞입니다.

그리고 얼마간의 세월이 흐릅니다. 얼마간의 세월이 지난 지금, 우리가 서 있는 이곳은, 질병이라는 우연한 불행이 혼자서 데려온 것인가요, 아니면 그 무렵 내가 했던 수많은 다른 선택이 함께 데려온 것인가요?

사실 우리는 그 질병이 생기기 훨씬 오래전부터 나의 삶에 대해 수많은 선택을 해왔으므로 그 질병도 사실 나의 선택이 어느 정도 관여한 결과입니다. 완전히 우연의 영역으로만 볼 수 없습니다. 그리고 우리는 또 계속 살아갑니다. 살아갈수록 우리는 더 많이 선택하게 됩니다. 앞으로 내 삶에서 발생하는 일은 그 이전보다 훨씬 더, 내가 그동안 했던 선택이 관여한 결과입니다. 완전히 우연의 영역으로만 볼 수 없습니다. 이렇게 우연의 영역에서도 우리 삶은 우연의 영역과 선택의 영역이 마구 섞여 있습니다. 이렇게 보면, 우리는 차라리 '선택의 삶'을 산다고 생각할 수도 있습니다. 우연의 영역에서도 우리는 삶을 자유롭게 선택하며 살고 있습니다.

우리는 자유롭도록 선고받았다

이 책 첫 장인 '실존주의'에서 했던 이야기를 기억하나요? 인간은 스스로 자신을 창조하는 자유로운 존재입니다. 우리는 우연의 세상에 태어났지만, 우연의 세상 속에 있는 자신의 삶을 끊임없이 선택하고 감당하며 책임을 집니다. 우리는 자신의 삶을 자유롭게 정의하고 마음대로 의미를 부여합니다.

이 책의 마지막 장 '정의론'에서 보았듯이, 세상은 앞으로 오랫동안 불완전할 것이고, 우리는 선택의 삶을 살고 있으므로 영원히 불완전할 것입니다. 우리는 어떠한 경우에서도 자신의 삶을 자신의 성향과 가치 판단에 따라 선택하고, 설계하고, 책임지고 살아가기를 원하기 때문입니다. 우연의 삶에서도 우리는 선택을 합니다. 우연의 영역에서도 우리 삶은 우연의 영역과 선택의 영역이 마구 섞여 있으며 여기서도 선택의 삶을 살고 있습니다. 우리는 불완전한 세상에서 이미 끊임없이 선택하고 감당하며 책임지고 살고 있습니다.

우리는 우리의 삶을 선택하는 존재이며, 그래서 자유로운 존재입니다. 당신과 나의 인생입니다. 그래서 사르트르는 이렇게 말했나 봅니다.

"인간은 자유롭게 살아야 한다는 선고를 받았다. 이 말은 인간의 자유에는 자유 그 자체 이외에는 아무런 한계가 없다는 것이며, 달리 말하자면 우리는 자유롭지 않을 자유가 없다는 것이다."[★]

★ Jean-Paul Sartre, 〈Being and Nothingness〉, Routledge(1956), Part 4, Chapter 1. I 의 11번째 문단(p.439), "I am condemned to be free. This means that no limits to my freedom can be found except freedom itself or, if you prefer, that we are not free to cease being free."